こころを育み　こころをつなぐ

絵本101選

『子育て支援と心理臨床』
増刊第1号

監修◎子育て支援合同委員会
編集◎「こころを育み　こころをつなぐ　絵本101選」編集委員会

福村出版

はじめに

◆与えることは、与え合うこと

子どもが親の膝に乗り、絵本を広げる光景は、誰もが描く幸せな一場面です。けれども、子育て家庭の毎日はただただ慌ただしく、ゆっくりと絵本を読む間もなく過ぎてしまうのが、多数の現実ではないでしょうか。その上、せっかく絵本を読んでも、子どもが期待通りの興味を示してくれず、空振りに終わってしまうこともあるでしょう。

読み聞かせは、いわば、子どもと大人と絵本の三者の共演です。互いの良さを引き出すかかわり合いが、成功の秘訣といえるでしょう。保育場面も同様です。落ち着きのない子どもを叱っていては、絵本は進みません。子どもが求めているものは何なのか、子どもにどう響いたのか。子どもの様子からヒントをもらい、1つひとつ工夫と努力を重ねて、絵本を楽しめる関係を育てていくのです。

私たちが子どもに何かを与えるとき、子どもからも私たちに何かが与えられています。編集委員会では、この部分を大切にした絵本の「読み聞かせ」「読み合い」のあり方を皆さんと共有したいと考えました。読み手と聞き手の対等性と、両者のかかわり合いのなかから感動が生まれるダイナミックな関係性が、本書の随所で示されていると思います。

◆本書の特徴

本書では、101冊の絵本を紹介していますが、毎年出版され続ける膨大な絵本の数からすれば、ほんの一握りのものでしかありません。どんな本を読んだらよいか、もちろん情報を得る手段は、他にもたくさんあります。このようななかで、先ほどの方針に加え、編者が本書の特徴と思うことを3つあげておきます。

1つは、絵本読みの体験をライブ感覚でお届けしているところにあります。1つひとつの本の紹介から、執筆者と絵本と子どもの関係が、生き生きと浮かび上がってきます。絵本を実際に読んでいる人が、子どもとのかかわりを振り返りながら、子どもの様子や読み手の気持ちを生き生き綴っているのがわかります。

2つ目は、小さな子どもが暮らしのなかで絵本と出会う主な機会を、5領域にまとめてあるところです。領域ごとに第一線で活躍する編集委員によって、コメントと共にバランスよく絵本が紹介されています。読者の皆さんは、まずご自分の関心に近い領域を選んでお読みください。すぐに使えるアイディアが、きっと見つかると思います。

3つ目は、絵本の作り手の方々のメッセージが、インタビューやエッセイの形で寄せられているところです。子どもと絵本を読むことの深い意味合いが、さらにしっかりと伝わってくることでしょう。

本書から、読者の皆さんの絵本読みの引き出しを少しでも増やしていただくことができたなら、こんなに嬉しいことはありません。

青木紀久代

目次

第3章 小児科で読まれている絵本

第4章 家庭で読み聞かせたい絵本

第5章 多文化に生きる子どもたちと読み合いたい絵本

第1章 保育場面で読み聞かせたい絵本

第1章の作品

パパとママのたからもの

だってだってのおばあさん

ねぎぼうずのあさたろう

おだんごぱん

ないたあかおに

やんすけとやんすけとやんすけと

やさいのおなか

ダンゴムシみつけたよ

かっくん

だめよ、デイビット！

お祭りにいけなかったもみの木

もりのひなまつり

どろだんご

999ひきのきょうだい

もこ もこもこ

うしろにいるのだあれ

おててがでたよ

もりのおふろ

かおかおどんなかお

おしくら・まんじゅう

せんたくかあちゃん

ももたろう

はらぺこあおむし

キャベツくん

ねずみくんのチョッキ

そらまめくんのベッド

のはらうた　Ⅰ～Ⅴ

エルマーのぼうけん

生まれてきてくれてありがとう

生きてるだけで百点満点

はじめに

絵本から広がる子どもの世界

小宮広子
冨田弘美

絵本の時間……、保育現場（保育園や幼稚園）では、とても大切にしている時間です。子どもたちと先生でつくられる空間は、ほのぼのとしています。1冊の絵本をとおして、友だちや先生と一緒に楽しさや嬉しさ、そして時には寂しさを共感できるから素敵です。笑いながら隣りの友だちと顔を合わせたり、ちょっぴり怖いときは、自然と肩を寄せ合ったりする姿も見られます。絵本は友だちとの心の距離をぐっと近づける魔法のようです。

幼児教育の現場では、年齢ごとの発達に応じた絵本を選びます。そして、絵本の世界そのものを楽しむことに＋（プラス）の要素が、それはそれは多く含まれているのです。0～2歳児で大切にしていることは、子どもたちが興味・関心をもつわかりやすい絵本を選ぶことです。言葉や音を真似し、絵とその名前が一致するように、繰り返しゆっくりとはっきりとした言葉で読むように心がけています。場合によっては、保育者が子どもを膝に乗せて、お互いの体温を感じ、温かく幸せなひと時を過ごします。特にこの0～2歳という年齢では視覚と聴覚をフルに使い、脳に刺激を与えることも大切だと考えています。視覚から入る温かい絵と、語りかける優しい声とで、子どもたちはたくさんのことを吸収し成長していくことを、私たち保育者は保育の現場で肌で感じ取ることができるのです。

3～5歳児になると、絵本から劇遊びに発展することも多くあります。絵本をとおして、正月・節分・ひなまつり・子どもの日といった行事の由来を子どもたちが理解し、興味・関心をもてるのです。必要なときには、生活習慣（早起き早寝・風邪予防）や、思いやり・規範意識につながる絵本を読むこともあります。また深まる秋に、園庭の落ち葉が敷き詰められた木々の下で、落ち葉にちなんだ絵本を読むこともあります。その後に、自分の好きな落ち葉を探し、そしてたくさん集めたいろいろな形の落ち葉を使って造形遊びをすると、一層活動が楽しくなります。

本当に絵本は子どもの遊びや活動を広げていくのに欠くことのできないものです。私たちはこの1冊の絵本から、子どもたちに何を伝えたいのかを考えながら読み聞かせをしていることが多いのです。

これからご紹介する絵本30冊のなかの15冊は、保育園・幼稚園の現場で、その絵本から生まれたエピソードです。本当にいくつものドラマのようです。幼児教育の現場では絵本を大事に思い、そして子どもたちは絵本に親しみ、遊びを楽しみながら「いろいろなことを学んでいるなぁ」と感じていただけたら、嬉しい限りです。

パパとママのたからもの

いちばんめの　おにいちゃん
にばんめの　おねえちゃん
さんばんめの　ぼうや。
さんびきは　おなじばんに　うまれました。
「おやすみ、せかいで　いちばん　かわいい　こぐまたち！」

◎サム・マクブラットニィ［文］
◎アニタ・ジェラーム［絵］
◎小川仁央［訳］
◎評論社
◎2004年

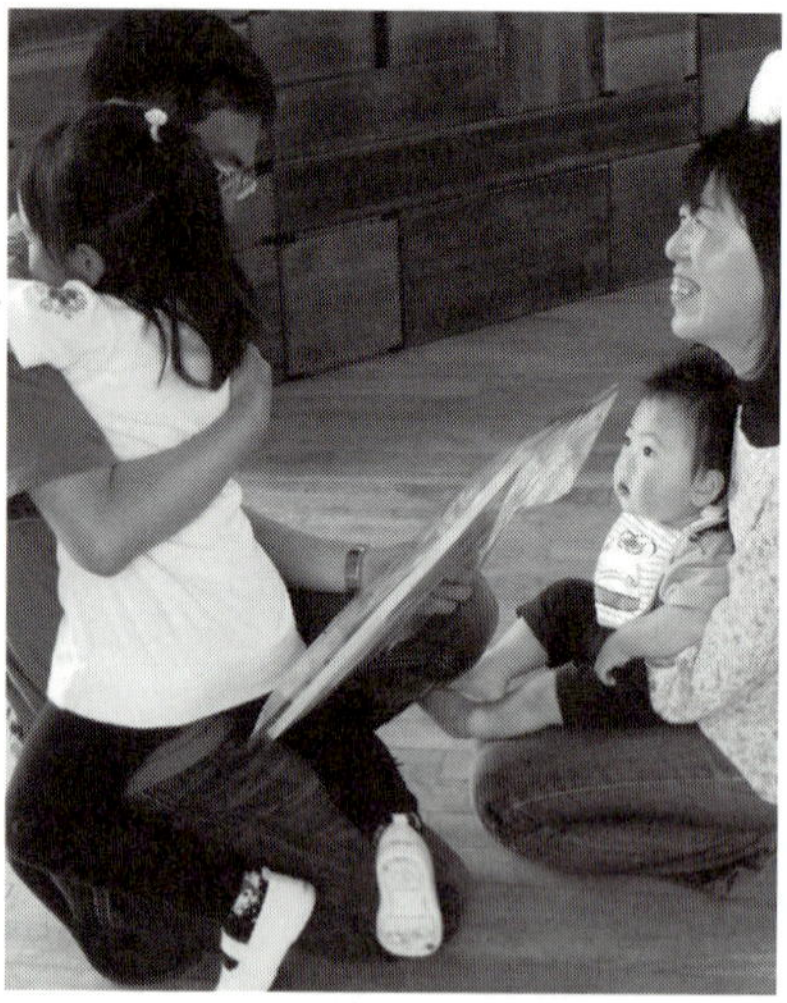

「ふぅ〜、おわったー！」

　一日の保育が終わり、子どもたちを無事に保護者に引き渡してから、私は保育室の掃除を始めました。ガーッ！　と音の出る掃除機も時々は使いますが、ほうきをゆっくりと動かしながら、今日の保育を振り返ります。あの子への私のかかわりはよかったのかな？　この遊びは明日、どんな展開が考えられるかな？　何を準備する必要があるだろう！　などなど、反省がほとんどですが、意外とこの時間が好きなのです。

　そんなときに、お母さんから相談したいことがあると声をかけられました。困っていることは、6歳になるMちゃんの発言でした。お母さんはMちゃんに、「お母さんは私と妹とどっちの方が好きなの？」と聞かれたそうです。お母さんは即答で「どっちも好きよ」と答えましたが、どうも納得していないようで困っているということでした。

　私には残念ながら兄弟はいませんが、兄弟がいればこのように思ってしまうことがあるだろうと思いました。「そうだ！」とすぐ頭に浮かんだのが、この『パパとママのたからもの』の絵本でした。お母さんには、この絵本をクラスで読んでみることをお話しました。

　数日してから降園前の時間に絵本の読み聞かせをしました。お話としては、1ばんめのおにいちゃんぐまと2ばんめのおねえちゃんぐま、そして3ばんめのぼうやは、同じ晩に生まれたのです。パパとママは、こぐまたちを寝かしつけるときに必ず、「おやすみ、世界で一番かわいいこぐまたち……」と話すのです（毎晩このようなことばをかけてもらって、なんて幸せなこぐまたちでしょう！）。

　3匹は同じ日に生まれてもそっくりではなく、特徴をもっていました。おにいちゃんぐまは、自分だけ鼻のまわりのぶちが黒いのです。おねえちゃんぐまは「私だけおんなのこ、パパはおとこのこがすきなのかも」と思います。そして3ばんめのぼうやは、一番ちびすけなことが気になって仕方ありません。3匹とも心配になってしまいました。そしてパパに「だれが一番好きなの？　みんなが一番にはなれないもの！」と聞いたのでした。

パパとママは心をこめて、おにいちゃんぐまに「ぶちなんてどうでもいいのさ」、おねえちゃんぐまに「おとこの子でもおんなの子でも、かんけいないよ」、そしてちびすけぐまに、「大きくても小さくても同じに愛しているよ」と話しました。最後に「きみたちみんながパパとママの宝物なんだ」と……。そして、3匹のこぐまたちは、パパとママと一緒に幸せに包まれて眠りにつきました。

絵のタッチがほのぼのとしていて、くまの親子以外の背景など、少ないことが特徴のように思いました。だからこそ、子ぐまたちやパパくま、ママくまの表情や動き、しぐさがよく伝わってくるように思います。この絵本を読み終えたとき、子どもたちは「あ～よかったぁ」といった穏やかな表情をしていました。「ふぅ……」と、子どもたちの安心した心の呼吸が聴こえたかのようでした。

Mちゃんの笑顔も見られましたので、この絵本を読んでよかったと、心から思いました。数日後に、『パパとママのたからもの』の絵本をMちゃんのお母さんにお貸ししました。お母さんの声でMちゃんの心に語りかけてもらうことは、Mちゃん親子にとって幸せな時間になると思ったのです。6月には、土曜参観日があり、家族との触れ合いをテーマにした活動を取り入れ、後半の時間に「家族の会」を行っています。

この日を迎えるまでに、家族についてクラス全体で考える時間を作り、自分が家族に大切にしてもらって大きくなったことをしっかりと感じ、「いつもありがとう」の気持ちを、歌やことばなどで伝えています。保護者の方々がわが子を見つめるまなざしからは、絵本にあったとおり、「私たちの宝物だよ」という言葉が聞こえてくるようでした。

（小宮広子）

だってだってのおばあさん

◎佐野洋子［作・絵］
◎フレーベル館
◎新装版2009年

98歳のおばあさんと1ぴきの猫が住んでいました。ねこが毎日魚釣りに誘っても、おばあさんは、「だってわたしは98だから」とお断り。

99歳の誕生日。ケーキにはろうそくが5本。「5歳のお誕生日おめでとう」。

それからのおばあさんは、「だって私は5歳だもの」と、ねこと一緒に遊びにいきます。「5歳って楽しい！」「5歳って素敵！」おばあさんとねこの声が聞こえてきそうです。

私の勤める園では、有志祖父母をお招きして、子どもたちと一緒に遊ぶ行事があります。遊んだ後に、「童心にかえりました」と言ってくださった祖父母の皆さんは、この絵本に出てくるおばあさんと同様に、子どもとじゃんけんゲームをして勝ち負けに一喜一憂したり、夢中になってこま回しや、ゴム跳びを見せ合ったり、競い合ったりして、子どもの世界に浸りながら、心を躍らせて遊んでくださいます。

おばあちゃんと呼ぶのが申し訳ないほど、みなさんお若い。その笑顔を見るたびに私はこの絵本を思い出します。絵本のなかのおばあさんのウキウキワクワクした心の動きを目の前の祖父母の方々から感じることができるからでしょう。

5歳になって遊んでみてください。5歳って楽しいでしょう！　（古賀彩子）

ねぎぼうずのあさたろう その1

ねぎぼうずの　あさたろうは、
しいのみの　おようちゃんをいじめている
やつがしらのごんべえと　こいものちょうきちを、
ねぎじるをとばして　やっつけました。
わるいやつが　しかえしにくるまえに
たびに「いってきます」

◎飯野和好［作］
◎福音館書店
◎1999年

これから始まる楽しい時間。子どもたちの表情を見ればわかります。「おはなし大好きの会」の皆さんが幼稚園に来てくれました。「おはなし大好きの会」（代表：米山斉子さん）は、絵本の読み聞かせを中心に、ご自分たちで制作されたペープサートや影絵、紙芝居などを見せてくれます。保護者もおとなの私たちも十分に楽しみ、心が満たされます。

演目のなかにいつも入れていただけるのが、この『ねぎぼうずのあさたろう』です。読んでいただいている方が、声優として活躍されている森田樹優さん。子どもたちは、ニックネームのQちゃんと呼ばせてもらっています。Qちゃんは、浪曲節的な独特の語りと、お話に合わせた鳴り物（ペルーの笛・拍子木など）を効果的に使いながら子どもたちをあっという間にお話の世界に連れていってくれます。

表紙のあさたろうと目があったそのときに、ものすごいインパクトで見つめられ、「読みたい！」と思われたとのことです。

さてそのお話です。とあるのどかなあさつき村。やつがしらのごんべえが、しいの実のおようちゃんをいじめているのを見たあさたろうは、「今日こそはかんべんできないんだ」と、ねぎ畑を飛び出しました。あさたろうの得意技は、ひゅるるるぶりんぶりんぴゅー！と飛び出るねぎ汁です。ごんべいは、「ま、まいったぁ」と逃げていきました。しかしきっと仕返しにくると察したあさたろうは、旅に出ました。

「まわし合羽に三度笠、おっかさんの用意した旅の支度もしっかりと、生まれ遊んだねぎ畑、急いで抜け出る旅の道……」

さてさて、途中の茶店で出会った侍がどうも気になるあさたろうです。嫌な予感は的中しました。その侍は、あのやつがしらのごんべえが仕向けたのでした。切られた荷物のなかからは、おっかさんが用意してくれたわさびとうがらしの粉が出てきました。あさたろうはわさびとうがらし攻撃で、侍を倒すことができました。

「おっかさーん、ありがとう」と叫びながら、てくてくてく東海道、あさたろうの旅は続くのでした。「ちょうど時間になりました。ちょっと一息、また後編」で、お話は終わります。

Qちゃんが、お話の途中で拍子木を打つ場面が何度かあり、「そのときに、よっ！　って声をかけてね」と言われました。話を楽しみながら、独特の語りの世界に一緒に参加できる！これが本当に楽しいのです。初めて出会った年少組は、Qちゃんと年長組が醸し出す楽しい雰囲気に、目をまんまるくしています。回数を重ねるごとに「よっ！」の声は、どんどん大きく、そして揃ってくるから素敵です。何より、お話を心の底から楽しんでいることが伝わってきます。

2月、今年度最後の会。「年長さんはもうすぐ1年生だね、おめでとう！　みんなのことは忘れないよ。最後にみんなで一緒に言おうか！　せ〜の〜ぉ　よっ！」。そのかけ声は、その場にいたみんなの心に刻まれたと感じずにはいられませんでした。

先日、卒園児が遊びに来たとき、「幼稚園の方が楽しかったなぁ……」とポツリ。「でもねー、図書室でね、あさたろうの本、見つけたんだよ！　その1だけじゃなくて、その5とか6とかもあるんだよ」と、あさたろう談話に花を咲かせました。

森田さんからのメッセージです。「絵本をとおして目には見えないもので子どもたちとつながることができ、ともに未来を見られたり、信じあえる心を互いにプレゼントしあっているような気持ちになれます。人の口から出る言葉を素直に純粋に聞ける子どもたちは、語り手を信頼しているから聞けるのだと思います。その目には見えない信頼感のようなものが、たくさんの星のようにまたたいているので、私もその美しさに応えたいのです」と。

（小宮広子）

おだんごぱん

- ◎ロシア民話
- ◎せた ていじ［訳］
- ◎わきた かず［絵］
- ◎福音館書店
- ◎1966年

『おだんごぱん』は、子どもたちが大好きなお話の1つです。

ある日、おじいさんがおばあさんに「ぱんをつくっておくれ」と頼みます。でも、「粉がないから作れない」とおばあさん。「箱の中の粉を引っかいて集めれば作れる」とおじいさん。おばあさんは粉を集めて、やっと1つのおだんごぱんを作りました。

アツアツのおだんごぱんを窓辺で冷やしていると、なんと、おだんごぱんは寂しくなってコロコロと転がっていきました。

お散歩の途中でおだんごぱんはいろいろな動物に会い、その度に「たべちゃうぞ！」と言われますが、歌をうたって気をそらせて逃げ出します。この歌の部分を担任アレンジで、おもしろおかしく歌うと子どもたちは大喜びです。

さて、最後に出会った歌では騙されない頭のいいキツネは、「素敵な歌を鼻のあたまに乗って近くで聞かせておくれ」「次は舌の上においで！」と言います。

そのとき、子どもの気持ちはすっかりおだんごぱん。「いっちゃだめ！」という表情になります。そして話し終えると、一瞬、静かに余韻に浸る姿があります。

ワクワク、ドキドキ、おだんごパンの気持ちになって楽しめる素敵な絵本です。

（平石香奈子）

ないたあかおに

山のがけのところにたつ、一けんのいえに、
わかい赤おにが、たったひとりで、すまっていました。
やさしい、すなおなおにでした。
あるひ、家の戸口のまえに、木のたてふだを立てました。
ココロノ　ヤサシイ　オニノ　ウチデス。

◎浜田廣介［文］
◎池田龍雄［絵］
◎偕成社
◎1965年

鬼……。鬼と聞くと、子どもたちはごく自然に、「こわ〜い……」「食べられちゃうよ！」、そして大多数の子どもたちは「鬼は悪いんだよ」と言います。2月の節分を迎える時期には、豆まきや鬼にまつわる絵本を読みます。関連する絵本はかなりありますが、年長組を担任するときは、必ず『ないたあかおに』を読んであげています。

どこの山かわかりません。その山の崖に若い元気な赤鬼が住んでいました。怖い怖い鬼ではなく、気持ちの優しい親切者でした。1人で小鳥に語りかけているかのような挿絵から、赤鬼の優しさが伝わってきます。赤鬼は人間とも仲良く暮らしていきたいという願いをもっていました。そして、自分で立て札をたてるのです。そこには、「心の優しい鬼のうちです。どなたでもおいでください。おいしいお菓子もございます。お茶も沸かしてございます。赤鬼」と書かれていました。

村のきこりが興味をもって戸口に近づきますが、半信半疑。赤鬼が「誰が食うものか」と叫んだとたんに逃げてしまいます。がっかりしている赤鬼の元へ、友だちの青鬼がやってきました。沈んでいる理由を知り、青鬼は悪い鬼のふりをして村で暴れ、赤鬼が退治するシナリオを考えました。

赤鬼は青鬼のおかげで、村人と仲良くなれました。青鬼のことが気になって家を訪ねると、1枚の紙が貼られていました。「あかおにくん」から始まる手紙です。「このまま仲良くしていると人間たちは気になって落ち着かないかもしれません。そう思って旅にでることにしました」。そして最後には、「どこまでもきみのともだち　あおおに」（中略）と書いてありました。赤鬼は何度も黙って手紙を読み、涙を流しました。

この絵本を読み聞かせた後の子どもたちの表情がなんともいえないのです。友だちを思う気持ち、お別れする寂しく切ない気持ち……。卒園を間近にしている子どもたちだからこそ、この気持ちがわかるのでしょう。

私はこの話を、発表会の劇につなげていき

ました。クラスで話し合いをしながら役を決めました。村人と赤鬼が出くわす場面、赤鬼と青鬼が村で暴れる場面、赤鬼が村人と仲良くなってお茶を飲みながら楽しく過ごしている場面。気持ちが自然に表せるようになってきました。

赤鬼役になったT君。青鬼からの手紙を読んでいるときに顔が真っ赤になったので、どうしたんだろうと心配になりました。T君は溢れてくる涙を手でぬぐっていたのです。私が「大丈夫？」と聞くと、「手紙読んでいると、涙出てきちゃうんだよ……」とT君。そのことをクラスの友だちに伝えると、「私も！」「なんか寂しいよね……」と、たくさんの声がかえってきました。

発表会当日。残念なことに、T君はインフルエンザでお休みをしてしまったのです。私は劇の前に「きっとT君は、出たかったよね。T君の分まで頑張ろうね」と話をしました。みんな本当に頑張りました。

発表会後、クラスで話し合いをして、T君のためにもう一度発表会をすることになりました。ホールの中央には椅子が2つ。T君のお母さんとT君の妹さんが座りました。後ろでは園長先生が見守ってくださっていました。劇の最後の場面では、T君の頬に涙が伝わっていました。そしてT君のお母さんも……。お母さんの涙を見たときに、私もこみあげてくる気持ちを抑えられませんでした。幕が静かに降りました。

お母さんの拍手がホールに響きわたります。「発表会をしてくれて本当にありがとう。この嬉しい気持ちはずっと忘れません」と、子どもたちに話をしてくれました。私にとっても忘れられない思い出の1つとなったのです。そして修了記念品の1つとして、この絵本を贈りました。絵本を開き、時々幼稚園時代を思い出してくれることでしょう。（小宮広子）

やんすけとやんすけとやんすけと

◎永井鱗太郎［原作］
◎梶山俊夫［絵・文］
◎三起商行（ミキハウス）
◎1988年

働き者のきこりのごんさんは、狩人に追いかけられていたきつねを助けてあげました。そのお礼にもらったのは、何か入れるとたくさんになって出てくる不思議なつぼでした。

きつねが試しにゆりの花を１本入れると、ゆりの花が噴水のように出てきました。そこへ子どものやんすけがおむすびを１つもってきました。ごんさんはおむすびをつぼの中へ！　ころころころと、おむすびが転がりでました。わけてあげる人もいません。そこで、なんとやんすけがつぼの中に飛び込んだのです。

つぼからは、たくさんのやんすけが飛び出てきました。子どもたちの歓声は、ここが一番大きくなりました。その後、この絵本を題材にして子どもたちはペープサートを作り、生活発表会で披露しました。大きなつぼから花ややんすけがわんさかと出てくる場面では、会場があまりのおもしろさにどよめいていました。

出てくる時の効果音（ピアノで）も効果大でした。迎えにきたお母さんは、つぼを落として割ってしまいました。どうやって大勢の子を育てていけるの……。するとやんすけたちは「心配ない。ぼくたち力を合わせれば何でもできる」と言います。最後のページは、村で、せっせと楽しそうに働く姿が描かれています。

（小宮広子）

やさいのおなか

これ　なあに
ネギ
これ　なあに
レンコン
これ　なあに……
ふしぎなかたち　やさいの　おなか

◎きうち かつ［作・絵］
◎福音館書店
◎1997年

「やさいのおなか」というタイトルがおもしろくて、図書館でついこの本を手にとりました。絵本を開くと、まず「これなあに」と問われ、横には野菜を輪切りにした、なるほど！「やさいのおなか」の模様が白黒で細かく描かれています。私なりに、食べたり見たり育てたりした経験を思い出しながら、「かぼちゃかな?」「ピーマンかな?」と、想像して楽しみます。

次のページをめくると、答えの野菜が現れ、
「ほら！　かぼちゃだった」
「え？　これきゅうりなの？」

期待通りの答えだったり、意外と外れたりと、大人でも楽しめます。この本のお勧めポイントは、まずなんといっても野菜の断面の模様が白黒で細かく描かれているところ。私はきゅうりの模様が特に気に入ってしまいました（実は、きゅうりと答えられませんでした）。そして答えのページに描かれた野菜の絵。皮の模様1つひとつ丁寧に描かれたタケノコ、本物みたいな色使いで塗られたきゅうりやニンジン等、思わず手に取りたくなってしまうほどです。

こんな素敵な絵本を、幼稚園の子どもたちにも伝えてあげようと思いました。私が勤めている幼稚園では、4歳児で入園してから卒園するまでの間、トマト、きゅうり、ナス、ジャガイモ、稲等、さまざまな野菜の栽培、収穫を体験します。私が担任している4歳の子どもたちは入園した春に、きゅうり、トマト、ナス、インゲン豆の苗植え、種まきをします。いつでも生長の様子が見られるよう、保育室の前の畑や植木鉢で育てています。

芽が出たり、実がついたりすると、子どもたちからは可愛いつぶやきが聞かれます。
「きゅうりの赤ちゃんが生まれた！」「きゅうりってとげがある。小さい方が痛いよ。なんでだろう?」「○○ちゃんのトマト大きくていいな。私のは小ちゃいな。（収穫した）ナス、お味噌汁にして食べたよ。おいしかった！」

子どもたちは目を輝かせて、感じたことを

素直に話してくれます。野菜を見たり、育てたり、食べたりした子どもたちは、この絵本にどんな反応をするのだろう？　ワクワクしながら読み始めました。

まず絵本を見せると「やさいのおなかってなあに？」と、子どもたち。「やさいのおなかってどんなふうになっているのか見てみようか」「うん！」と元気な返事。初めに、ネギの模様が出てきました。「雪だるまみたい……」「たまねぎかな？」「長ネギだよ！」「わからないな」と、いろいろな声が聞かれます。

ドキドキしながら少しずつページをめくり、ネギが見えると「やった！」「あ〜違った」と歓声とため息。「次は当てるぞ！」と気持ちを切り替えて次のページへ。穴のあいたレンコンの模様を見ると「おひさまみたい」「きれい」と声があがり、「絶対レンコンだよ！」馴染みがあるのか、正解する子が多かったです。キャベツのページでは、葉っぱの複雑な模様が現れ、「え〜！　何これ？」と子どもたち。キャベツの芯の模様を見て「ザリガニみたい」「クワガタだよ！」と、いろいろな考えが出てきます。答えがキャベツだと知って、ちょっぴりキャベツに親しみを感じる子もいたように見えたのは気のせいかしら……。

みんなが1本ずつ収穫したキュウリの模様は、意外や意外、「う〜ん」と考える子どもたち。キュウリの外側はよく見て知っていたけれど、おなかの部分は食べることに夢中でじっくり見ることは少ないのかしら？　新たな発見！　今度きゅうりを収穫したときは、おなかを子どもたちとじっくり見てみよう。

1冊のなかでさまざまな反応が見られて、とにかくおもしろかったです。野菜への親しみの気持ちがわく絵本だと思います。

読み聞かせ方は、答えのページをすぐに見せないで、白黒模様の〝やさいのおなか〟の模様を子どもたちがじっくり見てイメージを楽しむ時間をとってあげるといいと思います。

（平石香奈子）

ダンゴムシみつけたよ

◎皆越ようせい［写真・文］
◎ポプラ社
◎2002年

わが幼稚園の幼児たちは、春先に園庭でダンゴ虫さがしをよく行います。母親から離れる際に泣いていた入園当初の幼児も、進級して大きくなった年長児も……。ダンゴ虫がちょこちょこ歩く姿や丸くなったり転がったりする姿に癒されるのでしょうか？

触ることがちょっとこわい幼児は、「先生、ダンゴ虫ちょうだい」と入れ物に入れてもらい、平気で触れる子どもたちは、植木鉢や石の下、草のなかなどを覗き込んでは捕まえ、集めます。

そんなダンゴ虫が大好きな幼児たちが興味津々で見るこの本には、住んでいる所から食べ物、オス、メスの違い、卵や赤ちゃんなど、ダンゴ虫のひみつがたくさん、写真で載っています。

「これはオス、これがメスだね」「入れ物にご飯を入れよう」「うわぁ！　たまごだ」「赤ちゃんってきれいだね」と、この本を見た幼児たちは集めたダンゴ虫たちをまさに、よ〜く見ます。

私も、ダンゴ虫のたまごと赤ちゃんを実際に見つけたときは感激しました。ダンゴ虫への興味が深まること間違いなし！の1冊です。

この本を見て、ぜひ一度、ダンゴ虫の世界へいらしてみてください。

（榎本恭子）

かっくん

まんまるかぞくは、みんなが　まんまる。
ところが、生まれてきた　赤ちゃんは
まんまるではありませんでした。
「ボク……どうして　しかくいんだろう。
ほかの　みんなは　まんまるなのに……」

◎クリスチャン・メルベイユ［作］
◎ジョス・ゴフィン［絵］
◎乙武洋匡［訳］
◎講談社
◎2001年

本園では、１９９５年の阪神淡路大震災で被災された丑山順子さん（卒園生保護者）に、１年に一度、子どもたちに地震のこと、そして命の大切さについて話をしていただく機会があります。東日本大震災が発生し、子どもたちは、地震は怖いものと受けとめています。４歳の子どもたちに、「命はいくつあるかな？」の問いかけから、丑山さんのお話が始まります。

１つにも２つにも１００個にも子どもたちの手はあがります（アニメやゲームの影響もありますね）。そして命は１つしかないことを教えてもらいます。「幼稚園にいる時に、地震が起きることもあるかもしれないですよね……」とお話は続き、お母さんが迎えに来るまで必ず生きて待っていることを約束しています。

また、保護者が用意をしてくれたペットボトルの水を１本ずつ子どもたちに手渡しています。「いのちの水」と伝えています。「お父さん、お母さんからもらった１つしかない大事な命ですよね。友だちに死んじゃえーとか言っていいかな？」「ぜったいだめー！」と子どもたちは答えました。そして５歳児に最後に読んでいただいているのが『かっくん』です。訳は『五体不満足』の著者の乙武洋匡さんです。

まんまるかぞくは、みんながまんまる。ふとっちょくんもおちびさんも、みんながまんまる。おかあさんのおなかがいつもよりまんまるになって、赤ちゃんが生まれたのですが、その赤ちゃんはまんまるではなく、予想外の四角だったのです。そのときに、お父さんお母さんがその子にかける言葉がとても素敵です（ぜひ、読んでみてください！）。そして、かっくんという名前をつけてもらいました。

かっくんも、みんなと同じようにどんどん大きくなっていきました。ただ１つ違うのは、みんなはまるいのに、自分は四角い……。かっくんはつぶやきます。「どうしてしかくいんだろう……」。

みんなと一緒に滑り台で遊ぶかっくん。も

ちろんうまく転がりません。「おまえにはむりだよ」「どっか、ほかで遊んでろよ」と言われてしまいます。鏡をみて、かっくんがつぶやいたことばは「もう、やだよ」。

　ある日、みんなは原っぱで遊びますが、かっくんのことを誰も気にしません。みんなは遊びながら森のなかに迷い込んでしまいました。

　まっくら！　みんなの顔からは笑顔が消えていました。そこにかっくんがやってきました。かっくんの体は暗闇のなかでピカピカに光っていたのです。

「かっくん助かったよ」

　そして、「おうちに帰ろう」と、かっくんが先頭に立ちました。その日からみんなとなかよく遊ぶようになったのです。

「みんなみんなちがうけど、みんなでみんなで遊ぼうよ」

　みんなが寄り添い、かっくんの穏やかな表情の描写が心をなごませてくれます。子どもたちが「かっくんすごい」「よかった〜」とつぶやく声が聞きとれました。かっくんと自分を同じ立場に置いて見ていたのでしょう。

　その年の修了証書授与式のことです。隣接する小学校の校長先生に祝辞をいただいたときのことです。校長先生が「みなさんに聞きますよ。ちょっと難しいかもしれません。目には見えないけれど、大切なものは何でしょう？」と問いかけました。修了児は、間をあけることもなく「いのちー！」と叫んだのです。校長先生は驚かれ、「小学生でもなかなかすぐには答えないですよ。みなさんはヒントもいらなかったですね。いろいろなことを大事にできる1年生になれます」と言ってくださいました。

　私たち大人が子どもたちから、心もこんなに大きくなったよ！　と価値あるプレゼントをもらったような、大変嬉しい気持ちになりました。

（小宮広子）

だめよ、デイビッド！

◎デイビッド・シャノン［作］
◎小川仁央［訳］
◎評論社
◎2001年

　週末の絵本貸出しのときに、必ず誰かがこの絵本を借りていきます。何回も借りている子もいるほど、とにかく大人気の絵本です。

　デイビッドのママがいつもいう、「だめよ、デイビッド！」ということばから始まるページには、部屋のなかで壁に落書きをしているデイビッドの後ろ姿が描かれています。

　お風呂では海賊気分でお湯は出しっぱなし！　裸のまま外に出て行ってしまう。ヒーローのテレビを観れば、マントをかぶりベッドの上で跳びはねる。自分の鼻に指を突っ込むデイビッド。

　家のなかで野球。結果は当然、物が壊れました。デイビッドのすることなすことがすごいので、読んでいる途中で子どもたちから何度も、「あ〜ぁ〜」という声や、あまりの行動に笑い声も響くほどです。

　いけないことを次々と引き起こすのですが、おもしろくて愛嬌たっぷりのデイビッドという子が憎めないのです。自分たちはしないとわかった上で、子どもたちは好きなのです。落ち込んでいるデイビッドをお母さんが「こっちにおいで」と呼ぶ最後のページは、デイビッドが愛されていることがしっかりと伝わってきますよ。　　　　（小宮広子）

お祭りにいけなかった もみの木

もりのもみの木たちは
クリスマスにきるドレスのことで夢中です。
「わたしもすてきなドレスをきて、
クリスマスのお祭りにいきたいな」
なかまはずれの　いちばん小さいもみの木は
そうおもいました。

◎市川里美［作］
◎角野栄子［訳］
◎偕成社
◎2000年
※品切れ・再販未定

幼児教育の現場では、子どもたちの生活に潤いを与えるものとして、「行事」を大切にしています。行事に参加し、日常の幼稚園生活とは異なるさまざまな体験ができます。子どもの日、七夕、遠足、ひな祭りなどがありますが、1年に一度だけ、サンタクロースに会える「きらきら星会」（私の園ではこのような名前をつけています）は、子どもたちにとっては、とても楽しい夢のような時間になっています。

この日までに、サンタさんに手紙を書いて（絵の子もいます）、園の一番高いポールにくくりつけて帰ります。手紙を取りに来てくれたことに大騒ぎの子どもたち。とても読めないサンタ語のカードが届き、唯一サンタ語のわかる先生が通訳をしてくれて、当日会えることを心待ちにするのです。

この時期に、関連した絵本を何冊か読みます。この絵本は、街に流れるBGMやきらびやかなイルミネーションとは対称的です。静かで、しっとりとお話の世界に入っていくような感覚になります。

森のはずれで、もみの木たちはそわそわしています。みんな嬉しそうにお祭り（クリスマス）に着るドレスのことを話していました。一番小さなもみの木だけは黙って話を聞いていました。みんなクリスマスツリーを実際に見たことはありません。噂では光のお祭りだということ……。小さなもみの木も「素敵なドレスを着てみたい」と思いました。

ある朝、車が1台やってきて、ギーギーッというものすごい音を響かせました。さっきまでおしゃべりをしていたもみの木たちが荷台に乗っています。「あたしをおいてみんなクリスマスのお祭りにいっちゃうんだ。ひどいわ」。小さなもみの木は、悔しくって悔しくってはっぱが赤くなってしまったほどでした。そのとき、「あんたはひとりぼっちじゃないよ」と、少し離れた所に立っていた年をとったもみの木が言いました。

小さなもみの木は、「あんたはどんなドレスが着たかったのかい？」と聞かれて嬉しくなりました。「ほら、時々お月さまが、白く透き通ったドレスを着ているでしょ。わたし、あんなのが着たいの。でも……わたしはおちびさんだから……まだドレスなんて着られないの」と話すと、「願いをもち続ければきっとかなうよ。おちびさんだって、だれだって……」と言われます。

小さなもみの木も同じことを聞くと、「もう年だから夢をみたってしょうがないよ」と嘆きますが、「だれにだっていいことがあるわ」と、小さなもみの木に元気づけられます。

そして、クリスマスの日がやってきました。空から白く透き通ったドレスが降りてきて、小さなもみの木をやさしく包んでくれました。年をとったもみの木はどうなったか、ぜひぜひ、この続きを絵本で読んでみてください。2本のもみの木はいっしょに楽しく過ごしたことは間違いありません。

子どもたちはこの絵本を読んだ後に、ツリーの飾り付けをしました。「きれいに飾ろうね」と話していました。そして「雪も付けてあげよう」と、綿を広げて飾っていきました。小さなもみの木がドレスを着たことを思い出したのでしょう。

そして、きらきら星会当日の朝、「今日はドキドキして早く起きちゃったよ」「本当に来てくれるかな」「トナカイさんも来る？」と、子どもたちが話していました。きらきら星会用に幻想的に装飾されたホールに子どもたちが入ってきました。ツリーの電飾がかすかな灯りです。

「シャンシャンシャンシャン……」

どこからか鈴の音が聞こえてきました。だんだん音は大きくなっていきます。「きた！」と小さな声でつぶやいた子。そしてサンタさんとの、夢のような一時を過ごしました。サンタさんにプレゼントをもらいにいって、握手をしてもらう子どもたちは、何とも言えない素敵な表情なのです。

（小宮広子）

もりのひなまつり

◎こいで やすこ［作］
◎福音館書店
◎2000年

小さな森の近くに、１軒の家。その家の蔵にはねずみばあさんが住んでいました。森の野ねずみこども会から手紙が届き、「森の雛祭りをしたいので、お雛様を森へ連れてきてください」というお願いが書かれていたのです。

ねずみばあさんとお雛様御一行様、森の動物たちとの森の雛祭りは、歌あり踊りありで、それはそれは賑やかな会でした。絵をみているだけでも楽しさが伝わってきます。

天気が一転し、冷たい風に雪。急いで蔵に戻りましたが、顔や着物は汚れてしまいました。そこはねずみばあさん。お雛様の着物を繕い、間に合ったのでした。

この絵本を読んだときはすでに園にお雛様が飾られていました。お話の世界を通して、お雛様への興味が広がりました。４歳の子が、「お雛様、暗い中（箱）から出られてよかったね～」「早く出たいねって話してたかなぁ？」「顔汚れてないね！」など、この絵本から、お雛様へのイメージがどんどん広がっていきました。

担任と子どもたち同士の会話が弾みました。そして誰からということもなく雛段の前にみんなで座り、「うれしいひな祭り」の歌をお雛様たちに聞いてもらったのでした。「上手ね！」と言ってくれたようです。（小宮広子）

Column

子どもたちと絵本の出会い作り

幼稚園の正門から、ギーッという音と同時に、1台の車がゆっくりと入ってきました。ガタン！ と両サイドの扉が開く（ミニ階段も出てきます）と、そこには絵本がぎっしりです。

　私の勤務する幼稚園は、東京都日野市にあります。幼稚園には定期的に市の移動図書館「ひまわり号」がやって来ます。子どもたちは車のなかに入り、絵本棚から自分の好きな絵本を探して借りられるのです。4歳児には、「できるだけ絵がいっぱいで字が少ない絵本を探そうね」と声をかけます。5歳児になると、自分の好きな傾向の絵本も出てくるので、なかには図鑑を選ぶ子もいます。園には置いてない絵本を借りてくる子がほとんどです。まさに新しい絵本との出会いが待っているのです。

　週末には、毎週絵本の貸し出しも行っています。自分が好きな絵本は何回も借りたり、先生に読んでもらった絵本を「おうちで読みたいの！」と、嬉しそうに話してくれる子もいます。絵本は担任の読み聞かせだけではなく、有志お母さん方、地域の「おはなし大好きの会」の皆さんに、そしてペンギンデーという行事（年6回）では有志お父さん方にも、絵本（大型絵本）を読んでいただいています。お父さんの声での読み聞かせも、なかなかいいものです。

　保育所保育指針・幼稚園教育要領の「言葉」の領域のねらいの1つに、「日常生活に必要な言葉がわかるようになるとともに、絵本や物語などに親しみ、先生や友達と心を通わせる」と記されています。絵本をとおして、今まで出会ったことも、見たこと聞いたこともなかった世界に飛びこみ、登場人物の気持ちに心を傾けたり、心が踊ったりするのです。大好きな友だち、そして先生と一緒に、楽しさ・驚き、そして寂しさなどを共有できる絵本の時間を、私たちは大切にしています。

　何歳のこの時期はこの絵本を読まなくてはいけないといったきまりなどありませんが、その年齢にふさわしい絵本はあります。保育現場では、子どもの発達に合わせて、読み手である保育者自身が選んでいます。定番という言い方がふさわしいかはわかりませんが、多くの人に読まれている絵本はやはりいい絵本であり、読み継がれていくと思います。

　私は幼い頃に読んだ中川李枝子さんの『いやいやえん』が鮮烈な印象として残りました。いやいやえんのおばあさんが挿絵で現れたときに、心臓の鼓動が大きくなったのを今でも覚えています。自分のお気に入りの絵本は何十冊とありますが、絵本はそれこそ数えきれないほどあり、新刊も続々と出ています。絵本と出会うための努力を惜しまずにいたいと思います。「せんせい、絵本読んで！」と、子どもたちに言われるために……。

（小宮広子）

Column

万能のツールにもなる絵本

　私が小さいころ大好きだった『七色の花』という絵本がまだ本屋さんに並んでいることを知り、3年前に購入して5歳児に読み聞かせをしました。かなり長編の女の子の冒険もので、子どもたちは目を輝かせていました。何度かに分けての読み聞かせとなりましたが、毎回ワクワクしている子どもたちの様子を見ると嬉しくなります。このワクワク感は時代が流れても変わらずに子どもたちの胸に溢れるもので、これこそ絵本の素晴らしいところだと改めて感じました。そして小さいころに感じたワクワク感は、年齢を重ねてもこうして忘れることのできないものです。

　保育園に通っている保護者の方に、「お子さんと一緒に絵本を楽しんでください」と、コミュニケーションのツールとしての絵本を勧めると、「字を覚えさせよう」とすることがあります。もちろん字を覚えるのにも有効ですが、それ以前のこととして、膝に子どもを乗せ、お互いの体温を感じ、同じ絵本を見ることで思いや感情を共有することの温かさ・幸せを経験していただきたいと思うのです。

　大学生になった私の息子は、祖母にたくさんの絵本を読んでもらい、大切な乳幼児期を過ごしました。『もりのピザやさん』をはじめとする大好きだった森のシリーズから『怪傑ゾロリ』を自分で読むようになり、ちょうど出始めたハリーポッターシリーズ。『賢者の石』は布団の中で私が読んであげる状況でしたが、2作目の『秘密の部屋』ではワンセンテンスずつ交代で読み、3作目の『アズカバンの囚人』はとうとう1人で読むようになったという、ハリーポッターシリーズは話の内容だけでなく私の思い出に残る本となりました。

　息子は今でも「森のシリーズ」や熊田千佳慕の虫の絵本を小さな従兄妹に見せてあげています。1枚の絵と、そこに描かれた話から広がる想像の世界。なんて素敵でしょう。テレビやゲームでは決して味わうことのできない世界がそこにはあります。

　絵本はその内容や絵だけではない、何かが残ります。今流行りの電子書籍ではおそらく味わうことのできない、五感を使った世界です。紙の手触りやにおいという、絵本だからこそ感じることができるものです。大きくなって同じ絵本を手にしたとき、初めてその絵本に出会ったときにタイムスリップしたようなステキな、不思議な体験をする人も多いのではないでしょうか。

　人の心を温かくする「ことば」の力と想像力を膨らませる「絵」の力。両方を兼ね備えたものが絵本です。人に必要なものは知識や学力だけでなく、それを生かせる「生きる力」。絵本を見て、知り、考え、幸せや喜び・悲しさや淋しさなどの感情を経験すると、そこから子どもたちのあそびが発展したり人とのコミュニケーションに変化が訪れたりします。

　絵本は使い方によって万能なツールになるのです。絵本を読み終わったときに温かい気持ち・幸せな気持ちになると、人にも優しくなれますね。大人も絵本を開いて、やさしい気持ちになりましょう。

（冨田弘美）

どろだんご

いいでしょ、ぼくたちのつくった　どろだんご！
このどろだんごは　どうだい？
わぁ、ひかってるー
すごいなぁ
ほんとうに　砂でできてるの？
どろだんごのおじさん、
どうやって作ったの？

◎たなか よしゆき［文］
◎のさか ゆうさく［絵］
◎福音館書店
◎2002年

「せんせ〜い、できたよー！」と嬉しそうに近づいてくる子どもの小さな手にのっているのはおだんごです。入園して間もない4歳児の子どもの、初めておだんごができたときの嬉しそうな表情は、本当に可愛いものです。

　砂場で繰り広げられる遊びの1つに、だんご作りがあります。さらさらの砂ではできませんよね。雨あがりのしっとりとした砂、じょうろやカップで水を注ぎながら湿らせた砂。どうやったらおだんごが作れるのかは、実際に砂に触れ、体験しながらわかってくるのです。

「ギューっとしてもおだんごできない……」「できたのにすぐ壊れちゃったー」「なんで??どうして?」と、いろいろと苦戦する姿が見られます。すると、5歳児の年長さんが、「水を入れないとできないよ」と、嫌みのない、そしてちょっと自慢げな言葉を送ってくれたり、「この砂使っていいよ」と、差し出してくれたりする子もいます。

　そして作れるようになると遊びはさら広がり、友だちと一緒にいくつも作っては並べたり、自分の手を最大限に使って大きなだんごを作ったりします（はっぱの上におだんごをのせて、お菓子に見立てる子もいます、本当においしそうなのです）。また、砂場の黒いおだんごに白砂をかけて、色の変化を楽しむようにもなります。このような時期に読んであげるのが、この『どろだんご』の絵本です。

　表紙には、子どもの両手に乗っているまんまるなどろだんご。そしてページをめくります。はだしになってだんご作りをしている子どもたちの表情が本当に楽しそうです。おだんご作りに欠かすことのできないのが「水」です。水をたっぷり含んだベチャベチャ、ときにはペチャペチャ（こんな表現がぴったり！）のどろを使って、砂場の遊びは広がっていきます。海も山も、そしてドロドロスープやあわあわコーヒーまで作れてしまうのですから、砂場遊びは楽しいのです。

　さて、このどろだんごの絵本を読むと、まんまるなおだんごで、とびきりピカピカなだんごを作ってみたいと思うようです（5歳児が多いですね）。なぜピカピカがいいのかといいますと、毎年、このピカピカだんご作りは、遊びのなかで繰り広げられているからです。「年長組になったから、きっとできる！」子どもたちはそう思うのでしょう。失敗してもすぐにくじけない、物事にじっくりと取り組めるようになる年長組だからです。そして「作りたい！　やってみたい！」という気持ちがより強くなることになったのは、先生が光るどろだんご作りに夢中になり、ピカピカのどろだんごを子どもたちに見せたこともありました（ちょっぴり自慢げに、そーっとゆっくりとピッカピカのどろだんごを！）。

子どもたちが周りに続々と集まってきました。「先生、すごーい！」「さわってもいい？」「そっとならいいよ」「どこの土でやったの？」「あのね、畑の黒い土とお庭の黒い土混ぜてみたよ」「やりたーい、やってみる！」というような会話の後に、本格的な光るどろだんご作りが始まりました。子どもたちの姿でおもしろかったのは、いくつかのどろだんご作りの集団ができ、それぞれに白砂をかける場所が異なるのです。滑り台の下、テラスの前、正門の前と。「ここの白砂いい砂だよ」と教え合ったり、混ざりあったりしながら光るどろだんごを夢見て、ひたすら白砂をかけ続けていました。布で磨いて表面が光ったときの満面の笑みは、何度も失敗をしながらも、あきらめないで真剣に取り組んだからこそ表れたものだと思います。

光るどろだんごの魅力にひきつけられたのは子どもたちだけではなく、お母さんたちも同じでした。有志のお母さんたちが子どもたちと触れ合いながら遊ぶ行事があります。片づけの時間を知らせると、「えーっ、もうそんな時間ですかー！　まだやりたいです！」との声。続きは降園後に……。

（小宮広子）

９９９ひきのきょうだい

◎木村 研［文］
◎村上康成［絵］
◎チャイルド本社
◎2005年

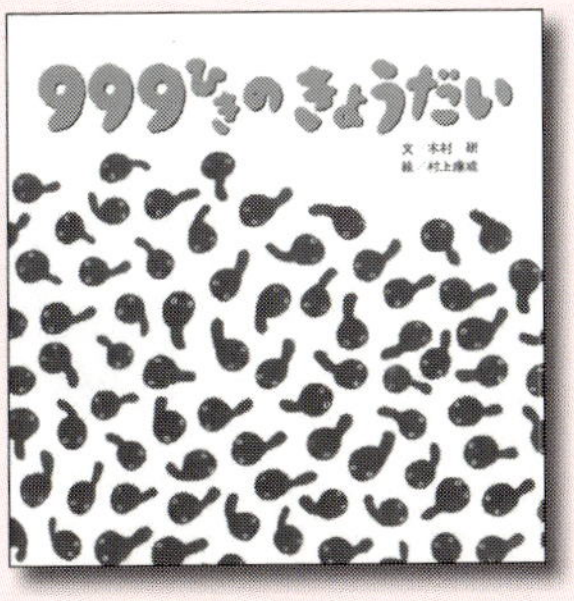

この本の「きょうだい」とは、オタマジャクシの兄弟です。一番の上のお兄ちゃんは、体は大きいけれどのんびりやさん。他の兄弟はもう手が生えてきたのに、卵から出てきません。お母さんに叱られて、ようやく卵から出てくる有り様……。でも、そんなお兄ちゃんをみんなは大好きです！

ある日、９９９ひきの兄弟がかくれんぼをしていると、カエルになっていないお兄ちゃんを蛇が襲います。大好きなお兄ちゃんを助けようと、兄弟はみんなで蛇のしっぽを引くのですが……、お兄ちゃんは無事逃げられるでしょうか？

この絵本を読み聞かせた際、幼児もカエルの兄弟たちと一緒に「オーエス」と言って、蛇のしっぽをひっぱって（つもりになって）いました！　また、読み聞かせた後も、自分で本を見たり、挿絵のおたまじゃくしを数えたりしていましたよ！　さらに、実際のカエルの卵を見て「何匹兄弟かな？」「９９９匹兄弟が生まれるといいなぁ」「お兄ちゃんはどの子？」という会話も聞かれました！

そんな魅力たっぷりのこの絵本はシリーズ化され、さらに『９９９ひきのきょうだいのおひっこし』『９９９のきょうだいのはるですよ』の２冊が刊行されています。

（榎本恭子）

もこ もこもこ

しーん

もこもこ

にょきにょき

ふくれあがったものが、みるみる大きくなって、

「パチン」とはじけてしまいます。

◎谷川俊太郎［作］
◎元永定正［絵］
◎文研出版
◎1995年

わたしたち保育士は、日々の生活のなかでたくさんの絵本の読み聞かせをします。絵本は豊かな心を育むためにも、とても大切な役目を担っていると感じています。多くの絵本を子どもたちに読み聞かせ、いっしょに楽しんでいくことで、心の成長や豊かな感情の育ちにも繋がっていくと思います。

ここで紹介したい絵本はたくさんありますが、現在1歳児の子どもたちが目を輝かせて、何度も何度も題名を言葉にして読み聞かせを楽しみにしている絵本の1つに、『もこもこもこ』があります。

「『もこもこもこ』よむ～⁉」と聞くと、「もこもこもこ」と嬉しそうに言葉にして、いつもお話を聞く位置に自分たちから座ろうとする姿に、いかにこの絵本を楽しみにしているかが伺い知れます。

私が初めてこの絵本に出会ったときには、驚くほどの衝撃を受けました。今までの「絵本」という概念からはまったくかけはなれたものであり、鮮やかな色彩と、出てくる言葉は「もこ」「にょき」「ぽろり」といった擬音ばかりで、とても不思議な世界に引き込まれていきます。それは年齢を問わず、子どもたちにも同じような感覚をもたせてくれるようです。

表紙は、色鮮やかな黄色い背景に緑色の大きく口を開けた山のようなもの。1枚目をめくると最初は「しーん」とひとこと、青を基調とした美しいグラデーションの世界が広がっています。次に「もこ」と表れてくる山のような物体。それが少しずつ大きくなり「もこもこ」。すると隣からは「にょき」とかわいらしいキノコのような紫色の物が現れてきます。ここで子どもたちからは〝わぁー〟と嬉しそうな声が出てくるのです。

期待をもたせながら次のページをめくった瞬間には、さっきの物体が画面いっぱいに成長し、色鮮やかなオレンジ色になり「もこもこもこ」と現れてきます。子どもたちからは大歓声とそれを見つめる大きな瞳。

次はなぜか「もこもこもこ」と大きく成長

した山のような物が、一緒に成長してきた「にょきにょき」を「ぱく」と食べてしまいます。それを見つめる子どもたちの表情はとても困っていて、「はっ」としている様子が伺えます。そんな様子を汲み取りながらページをめくると、オレンジ色から黄色に変化した山のような物体は「もぐもぐ」と口を動かしています。ここで「はっ」としていた子どもたちは「なぜ」という表情にかわり、さらに戸惑い悲しそうな表情の子もいるのです。

次に、その山のようなものから「つん」と赤い小さな〝たんこぶ〟のようなものが出てきて「ぽろり」と落ちる場面になると、そこで「ほっ」とした和らいだ表情と笑いが起こります。「ぽろり」と落ちたものが「ぷうっ」と膨らむことで再び笑いが大きく広がり、子どもたちも場面に引き込まれていきます。「ぷうっ」と膨らんだものが「ぎらぎら」とまるで太陽のように大きく画面いっぱいに広がり「ぱちん」とはじけると、そこで再び子どもたちは「はらはら」としてしまうのですが、はじけた後には飛び立つ物体と大空を「ふんわ」と遊泳するようなほっとする空間が広がっていきます。そして最初と同じ「しーん」という青い静かな世界が広がり、終わりかなと思わせますが、再び「もこ」と続くのです。

1枚1枚ページをめくるたびに、子どもたちが「はっ」としたり「ほっ」としたり、笑いが広がったり困ってしまったりと、心の揺れ動きが読み手にもしっかりと伝わってきます。繰り返し読むうちに、子どもたちも1つひとつの場面で、一緒に「もこ」「ぽろり」などと声に出せることも大きな喜びに繋がっているのが分かります。

美しい色彩と不思議な言葉と絵が表現してくれる世界は、1人ひとりの想像力を膨らませてくれることでしょう。ぜひお勧めしたい1冊です。

（炭 美智子）

うしろにいるのだあれ

◎accototoふくだ としお・あきこ［作・絵］
◎幻冬舎
◎2008年

広々とした野原には、いろいろな動物たちが集まってきます。絵本のなかでは、次々と子どもたちの知っている動物が登場します。まず、ぶたくんが、「ぼくのうしろにいるのはだあれ」。いたのはひつじくん。ひつじくんのうしろにいたのはうしさん、そしてにわとりさんと続きます。

にわとりの次にたまごからひよこが生まれる場面では、子どもたちが「あっ」と喜びをみせます。さらに上にはちょうちょさん、前にはからすくん、下にはてんとうむしくんと続いていくうちに、「つぎはなにかな」という期待をもっている様子もうかがえ、子どもたちからは「はやくはやくみせて」という心の声と、想像が伝わってくるようです。

最後にはかえるくんから「ああっ、ぼくだ」とぶたくんに戻り、「みんなちかくにいたんだね」と結ばれています。広い野原のなかでもいつでも近くに誰かがいて、みんながつながっている。そんなことを優しく、そっと教えてくれるのです。それは子どもたちにも“みんなともだち”という大切な気持ちを与えてくれることでしょう。

優しい言葉と落ち着いた色彩のかわいい絵で表現された世界。あたたかくほっとする気持ちになれる、お勧めの1冊です。　（炭 美智子）

おててがでたよ

あれ　あれ　あれ
なんにも　みえない
おててば　どこかな
あたまは　どこかな
おかおは　どこかな
あんよは　どこかな

◎林 明子［作］
◎福音館書店
◎1986年

子どもたちの絵本を探すときには、本屋さんや図書館へ出かけていきます。小さい子どもをつれたお母さんたちにかこまれながら、さがしています。子どもたちが目についた本をつぎつぎと出している横で、お母さんたちは1冊ずつ本箱へと片づけていきます。そんな光景をなつかしくながめつつも、「大切にしてほしいな」と思うのは、年をとったからでしょうか？

　私が保育士になったころ、読み聞かせの研修で、「押し付けでは子どもは楽しくありません。でも、保育者が見て楽しめることが大切です」と聞いたことがあります。それ以来、本選びは、いろいろな思いをめぐらせながら楽しむようになりました。

　私には、3人の子どもがいます。3番目も中学3年になり生意気盛りですが、それでも、小さいころは、毎日寝る前に1冊の本をもって布団に入り、眠くても読むまで待っている子どもでした。月日のたつのは早いもので、今ではなつかしい思い出になっています。

　忙しい生活のなかで、本の1冊が長く感じたりすることもありました。いつもは怒ってばかりの母親が、本を読んでいるときだけは穏やかで安心できたのかもしれません。短い時間でも1冊が終わるまでの時間を、穏やかに過ごしていたように思います。

　子どもの読み聞かせをはじめることに「赤ちゃんだからまだ早い、むずかしい」ということはありません。年齢に合った本を用意して、子どもの手の届くところにならべておくのです。膝があいていれば準備万端です。どんなに忙しくても本を読む間は、子どもたちとゆっくりとした時間を過ごしてほしいと思います。きっとお膝に座っている子どもたちは、とてもうれしそうな笑顔ですよ。

『おててがでたよ』は、日頃の子どもたちのすがたと重なる1冊です。ページをめくりながら楽しくお話ができるといいですね。

　子どもたちにはじめてこの本を読んだときには、見ることも聞くこともままならず、表紙に目を向けたあとは、1人、2人と走り出し、また1人は、本のまえに仁王立ちの状況で、とても本どころではありませんでした。歌で子どもたちを呼び、手遊びでひきつけ万全の状況にもかかわらず……。なぜ？

それから月日が流れて、いまやっと本に目を向け耳をかたむけてくれるようになりました。本をめくると順番に手・足・頭・顔・手・足が出てきます。そして裏表紙には、一生懸命に立とうとしている赤ちゃんがいます。小さくても1人でできることはありますね。少してれながらの笑顔に、「よかったね」と言葉をかけました。

夏を過ぎて、子どもたちの反応もかわってきました。いつものように手が出てくる場面に子どもの表情が変わります。「みんなの手はどこでしょう？」という問いかけに、「ここにある」と答えてくれます。最後に「うーん、うーん」と頑張っているところでは、眉間にしわ？ そのあと手が出ておしまいの場面で、ホッとした表情になります。

そのとき、しっかりと感情も育ってきていることを実感できました。なんでもやりたくて、手伝うと怒って泣くことの多い時期です。「自分でやりたい」という子どもの気持ちをしっかりと受け止め、いっしょに本を読むことで気分転換して、穏やかな時間を過ごすことができるとよいですね。

1歳の子どもたちもおおきくなってきました。この本といっしょに育ち、いつの間にか全員が、パンツもズボンもはけるようになってきました。時にはおしりを出して走り回ったり、一生懸命反対に足を入れようとして、右へ左へ転がりそうになってしまったり、いろいろな姿を見せてくれるようになりました。今はそれがとてもうれしいです。

「大きくなりました」

すべてができたあとは、ほこらし気です。

（小野陽子）

もりのおふろ

◎西村敏雄［作］
◎福音館書店
◎2008年

もりの奥で、大きなおふろがわいているところからはじまります。いろいろな動物がおふろに入りにやってきて、「背中をあらってもらえませんか？」とお願いをします。順番にやってきて、それぞれに洗ってもらいます。そのあとみんなでおふろを囲み、「ザブー」と入るまでの間のお話です。

以前、これを劇遊びにできないかと試みたことがありますが、おふろが小さくなり全員入れなくなったという大失敗をしました。想像力をはたらかせながら見てほしい1冊です。本のなかで、らいおんに背中をあらってもらったうさぎがいます。絵本は、だれとでも仲良くなることができるんですね。

冬になると、この本を読む機会が多くなります。とってもあたたかな気持ちになれるからです。ほんわかしたどうぶつたちに、ぜひ、会ってほしいと思います。

今は、あちらこちらに大きいおふろやさんがありますが、その背景がとても絵本ににているような気がします。いろいろな人がやってきて、みんなで大きな湯船につかり「あー極楽、極楽」と言っている人がいるかもしれません。

忙しい毎日ですが、1日のなかで少しでも子どもといっしょの時間をつくることで、子どもたちは安心して過ごせるのだと思います。

（小野陽子）

かお かお
どんなかお

ともだちは　どんなかお？
せんせいは　どんなかお？
わらったかお　ないたかお
いろんなかおが　あるんだね
いろんな気持ちが　あるんだね
いろんなかおって　楽しいね

◎柳原良平［著］
◎こぐま社
◎1988年

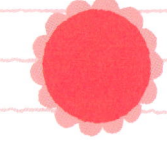

私は、２歳児の担任の保育士です。２歳といえば自我が芽生え始め、こだわりが強くなり、日常生活のなかでイヤイヤが多くなるお年頃です。そんな子どもたちの気分転換を図るためにも、また子どもとのスキンシップのためにも、絵本の読み聞かせは欠かせません。

子どもたちもいろいろな物に対しての興味・関心が強くなり、少しずつ簡単なストーリーも楽しめるようになってきているので、読み聞かせの時間は目をキラキラさせながら見てくれています。そんな日々の保育のなかから、子どももおとなもともに楽しめる絵本の１つとして『かおかお どんなかお』をご紹介したいと思います。

内容は、はじめに目、鼻、口と顔のパーツが紹介され、その後はさまざまな表情が次々に登場するという、いたってシンプルな構成です。表情の種類も、「わらったかお」「ないたかお」など、子どもたちが日常なじみのある表情をはじめ、「あまいかお」「からいかお」など味覚を表した表情や、「たくましいかお」「いたずらなかお」「すましたかお」など、ちょっぴり難しい、複雑な表情も出てきます。

読み聞かせでは、はじめは子どもたちは真剣な表情で、絵本を一通り見ています。それが読み聞かせを重ねるとともに、目、鼻、口と、自分の顔をさわって確認したり、となりにいる友だちの顔を指さししたりしてみます。そしてなんとなく、絵本の場面と同じ表情になっていくのです。たとえば「かなしいかお」や「おこったかお」では眉間にしわをよせたり、それが「わらったかお」や「いいかお」の場面に変わると少しほっとしたような、楽しそうな笑みがこぼれます。

保育士がその場面と同じ表情をして見せると、子どももかお全体を使って、一生懸命真似をして表情を作ろうとするのです。「たくましいかお」や「いたずらなかお」にも挑戦し、その表情の可愛らしさといったらたまりません。読み聞かせでは「かおかお、みたい！」という子どもからのリクエストがたくさんありました。

食事では、味を表情で表現することがじょうずになりました。あまいケーキがおやつに出たときは「あまいかお」をしたり、ちょっぴり苦手なピーマンはにがいかお、酸味のあるヨーグルトはすっぱいかおをしたりと、絵本にはない表情までできるようになりました。

　かおでいろんな表現ができるようになってくると、子どもたちの大好きな「へんなかお大会」が始まり、子ども同士でかおを見せ合っては大笑い。笑ってもらえた子どももうれしくて、また大笑い……。ほっと和むひとときです。こんなふうに毎日、表情あそびに発展し盛り上がっていました。

　またある日、朝の登園時になかなか母親と離れられず、ちょっぴり涙を流してしまう子どもがいました。私はその子どもを抱っこし、気分転換を図ろうと友だちの輪のなかにはいりました。抱っこされた子どもは、涙は止まったものの、まだなんとなく悲しそうな表情をして友だちの様子を見ています。そんな友だちの姿に気付いた1人の女の子がそばに寄ってきて、「元気がないね……こっちにおいで！」と、手を引いて遊びに誘ってくれたのです。2人は笑顔になり、顔を見合わせるとすぐに遊びに入っていきました。そんな子どものやり取りを見て、相手の表情に気付き、手を差し伸べることができたことに感動しました。友だちを思いやる気持ちが育まれたこと、その成長を嬉しく思いました。

　この絵本をとおして、子どもたちがまわりの身近な人への興味を広げ、人にはいろいろな気持ちがあるということに気付けたきっかけになったのではないかと思います。そして表情豊かに過ごしていくことの楽しさを味あわせてくれました。

　これからも、子どもたちと一緒に表情豊かに、いろいろな「かお」を楽しんでいきたいと思います。

（則松香苗）

おしくら・まんじゅう

◎かがくい ひろし［作］
◎ブロンズ新社
◎2009年

　子どもたちに大人気の絵本『おしくら・まんじゅう』をご紹介します。なんとも愛嬌のある主人公の紅白のまんじゅうが、いろいろなものとおしくらまんじゅうをして遊びます。

　はさまれたものによってまんじゅうの反応や動きが変わるので、「次はどんなリアクションを見せてくれるのかな？」と、子どもたちはわくわくしながら次の展開を待っています。

「そーれ　おしくらまんじゅう」のかけ声も大好き。ストーリーを覚えたころには大きな声で読んでいます。「おされて　ぎゅー　おされて　ぎゅー　ぎゅーぎゅー　ぎゅー」の場面では、子ども自身も体に力を入れて、自分もおしくらまんじゅうをしているかのように気合いが入ります。そしてとなりにいる友だちとおしあいっこ。

　最後にはゆうれいが出てくるのですが、なんとまんじゅうが「ぱくっ」と食べられてしまうのです。今までとは違う展開に子どもたちはびっくりして、一瞬かたまります。「あーあ、たべちゃった……」など、悲しそうな反応。しかし最後には、まんじゅうもおばけになり、おばけと仲良く飛び回るシーンになって、また子どもたちに笑顔が戻ります。言葉遊びや、友だちとの触れ合いも楽しめる１冊です。

（則松香苗）

せんたくかあちゃん

せんたくの大好きなかあちゃんがいました。
かあちゃんは、タオルや洋服はもちろん、
ねこやねずみまで洗濯してしまいますから
さあ大変！
最後に洗ったものは……さあ何でしょう？

◎さとう わきこ［作・絵］
◎福音館書店
◎1982年

2歳児クラスのAちゃんが、ままごと用のスカーフをじょうずにたたんでいました。「Aちゃん、たたむのじょうずだね」と大人が言うと、「うん、おうちでママとやってるの」と、得意気に話します。2歳くらいの子どもたちは、お母さんのまねっこが大好きです。そんな2歳児に、この『せんたくかあちゃん』を読んでみました。

今、せんたくかあちゃんのように洗濯板でごしごし洗濯する人はいないでしょうが、この石けんを使ってごしごし洗う姿に、子どもたちは憧れます。

せんたくかあちゃんのすごいところは、なんでも洗ってしまうところ。かあちゃんが洗いあげ、張りめぐらされた物干しなわに干された物には圧倒されます。子どもたちは、この張りめぐらされた物干しなわから、何が干されてあるかを探すのが大好きです。

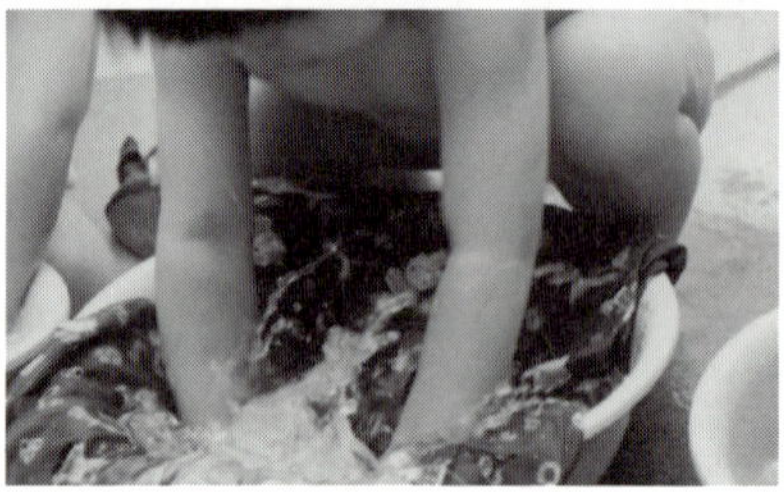

Bくんはにわとりを見つけ、「チャボのピーコもいる！」と驚いています。実はその頃、保育園でチャボを飼っていたので、身近に感じたのでしょう。Cちゃんがおばけのマスクのようなものを見つけて「おばけもいるよ」と言うと、「どれどれ」と子どもたちが集まってきました。そして、はだかんぼうにされた子どもたちも干されているのを見つけて、「かわいそう」と同情するDくんでした。

さて、ある日、大雨とともに空からかみなりさまが落ちてきました。真っ黒なかみなりを見て、かあちゃんはかみなりをたらいに放り込むといつものようにごしごしと洗い始めました。子どもたちにとって、夏のかみなりはとても怖いものです。かみなりが鳴ったときに、子どもたちに「早く、おへそを隠しな。食べられちゃうよ」と言うと、急いでTシャツをズボンのなかにしまいこみます。

きれいに洗ってもらったかみなりですが、顔が消えてしまいました。そこでかあちゃんは子どもたちに顔を描くように話し、それはそれはかわいい顔のかみなりになりました。

それを見たかみなりは、自分もきれいになりたいと空から大勢で降ってきました。せんたくかあちゃんは胸を叩いて洗濯を引き受けるのでした。
この絵本を読んだ後に、自分たちが毎日遊んでいるままごと用のスカート、スカーフ、エプロンと石けん、洗濯板を用意して、ベランダで実際に洗濯ごっこをしました。子どもたちの張り切りようといったらありません。
石けんをいっぱい泡立てるEちゃん。「ごしごしごし……」といいながら、エプロンを洗うFくん。洗濯板なんて使ったことはないけれど、見よう見まねで力いっぱい洗濯を楽しんでいます。自分でやってみるということがとっても大好きな2歳児の子どもの姿ですね。みんな洗ってしまい、もう洗うものが無くなると「もっと洗いたい」と言うGちゃん。そこで今度はベランダにひもを張って、実際に洗濯バサミで洗った物を干すことにしました。
洗った物を絞るのは難しいので、そこはおとなが少しお手伝い。洗濯バサミではさむのもちょっと難しいけれど、時間をかけて自分でやるHちゃん。やっと挟むことができて嬉しそう。保育園のベランダにも、せんたくかあちゃんに負けないくらいたくさんの洗濯物が干されました。「おんなじだねー」とIちゃん。絵本と同じことができたことが嬉しかったのでしょうね。
この絵本は何と言っても、せんたくかあちゃんの潔さと、子どもたちにとっては怖い存在である「かみなりさま」までもユーモアに描き上げているところが、子どもたちにとって魅力なのでしょう。「ユーモア」を楽しめる子どものセンスも素敵ですね。
今日も、せんたくかあちゃんはどこかで洗濯に励んでいることでしょう。

（近藤初江）

ももたろう

◎松居 直［文］
◎赤羽末吉［画］
◎福音館書店
◎1965年

皆さんご存知の昔話『ももたろう』。たくさん出版されている『ももたろう』のなかでも、この『ももたろう』の「絵」ほど、物語をイキイキ語る絵本はないでしょう。

2歳児クラスのSくんは、ももたろうが鬼が島に行く船と帰ってくる船の違いに気がつきました。「どうして、違う船なの？」と。

たしかに、行くときの船は古い木でできた船のようなのに、帰りの船は、桃の絵が描かれた帆が勇ましく見えます。するとNちゃんが、「鬼に船をもらったんじゃない？」と言います。するとSくんが、「なんで帰りの船に鬼が乗っているの？」と問いかけてきました。

そこで、みんなで考えてみました。「どうして、鬼が船に乗っているんだろうね……」「鬼がわるいことはしませんって謝ったから、一緒に乗せてあげたんじゃない？」とTくん。「仲良しになったんじゃない？」とAくん。子どもたちは、思いを巡らします。

鬼たちは、ももたろうを家に無事に送り届けるためのお供だったのでしょうね。

語り継がれている「ももたろう」の話ですが、絵本によって子どもたちの受けとめ方の違いを感じさせられる1冊です。

（近藤初江）

はらぺこあおむし

あたたかい　にちようびの　あさです。
ぽん！　と　たまごから
ちっぽけな　あおむしが　うまれました。
あおむしは　おなかが　ぺっこぺこ。
たべるものを　さがしはじめました。

◎エリック＝カール［作］
◎もり ひさし［訳］
◎偕成社
◎改訂版1989年

「おや、はっぱのうえにちっちゃなたまご」。ここからあおむしの旅を、子どもたちは体感していきます。月曜日、火曜日、水曜日……と、色とりどりのくだものを食べ続けるあおむしになり、くだもののかじりあとを追います。ふえていくくだものを1つも残さず、指で穴をさぐっていくのは、どの子も「はらぺこ」のあおむしの気持ちになっているからでしょう。

　そして土曜日、「チョコレートケーキとアイスクリームとピクルスと……」。小気味よいテンポとリズム、大好きな食べ物に子どもたちは大興奮。身体をゆらして大合唱。おとなもわくわく感を味わいます。あおむしはおなかがいたくなり、子どもたちは今までの数少ない経験から「おなかがいたい」気持ちを想像してしかめっ面になります。そしてみどりのはっぱを食べて元気になった姿にほっと笑顔が戻ります。

　ふとっちょになったあおむしがさなぎになって眠るあいだ、子どもたちは静かに待ちます。ぱっと広げた最後のページ。美しいはねをのびやかに広げたちょうちょに、姿が違ってもその顔があおむしとおなじだと、子どもは気づきます。

　異年齢児保育でよく読み聞かせをするビッグブックは、大きな画面が子どもたちを魅了します。ともに楽しめるのはシンプルなくりかえしであり、それぞれの理解をアレンジしながら物語に入っていけるからでしょう。

　2歳児には、紙が厚くてページをめくりやすいボードブックがぴったりです。ひざの上に絵本を開き、小さな手で1枚ずつページをめくります。絵本の良いところはこのように自分のペースで物語をすすめていけるところでしょう。映像は情報が受け手に流され続けますが、絵本はページをめくることで物語が展開されます。小さい子も自分で始め、すすめ、終わらせられます。

　リズミカルでユーモラスな歌のメロディは2、3歳の子どもの心をもひきつけます。子どものなかには、その特性から集団のなかでじょうずに自分を表現できない子がいます。トラブルになったり、子ども自身が立ち往生してしまうとき、自分のペースで読み、楽しむことで、安心感とおだやかな表情が戻ってきます。

はらぺこあおむしにはポップアップ絵本もあり、飛び出し動く姿に、イメージをもちにくい特性をもつ子どもも夢中になって操作して楽しみます。指先を器用に動かせない子どもも根気強く動かします。こうして子どもはおはなしを自分のなかに取り入れていきます。

4歳児が劇遊びを発表したときは、友だちとのやりとりやナレーターごっこを盛り込みました。ちょうちょのはねを大きく広げてお客さんの前で得意満面、笑顔が輝いたラストは、子どもの喜びが伝わってきました。運動会の2歳児の親子競技では、あおむしがついたフープに親子で入り、ゴールでくだものを手に入れるストーリーを演じました。

大勢のお客さんの前で緊張しながら充実したときを味わえたのははらぺこあおむしのおかげです。後日、「すももをとったね」「○ちゃんはいちご！」という会話が聞かれ、この出来事が子どもの心に重ねられているのだと実感しました。

5歳児は大人顔負けです。「今日は水曜日です。あおむしは何を食べた日かしら？」とつぶやくと、すかさず「すもも！」と返事が返ってきます。

この絵本は子どもの好奇心、意欲、願望を刺激し、強い生命力にあふれています。見守ってくれるおつきさまやおひさまを知らず知らず大事なだれかに見立てて安心感を感じつつ、ちっちゃなぼく・わたしがこれから出会うさまざまな出来事の先に大きくて美しい未来が待っている……、そんな希望を、『はらぺこあおむし』は抱かせてくれるのだと思います。だから子どももおとなもこの絵本が大好きなのです。

（石塚明子）

キャベツくん

◎長 新太［文・絵］
◎文研出版
◎1980年

うちの子は本が大好きでよく図書館に連れていくことがあります。その日も図書館でひとしきり読んだ後、お決まりで何冊か借りて帰宅しました。そのなかに『キャベツくん』がありました。

ストーリーは、おなかペコペコの豚の「ぶたやまさん」がキャベツの「キャベツくん」を食べようとすると、「僕を食べたらキャベツになるよ」と言ったとおり、キャベツに変身した「ぶたやまさん」が、空に浮かびます。

また、「ぶたやまさん」が「○○が君を食べたらどうなる？」と聞くと、「キャベツくん」が「こうなる」と言い、ゴリラやライオンやクジラなどいろいろな動物たちが次々にキャベツに変身して空に浮かんでくるのです。そしてそれを見て驚いた「ぶたやまさん」がその都度「ブキャ！」と叫びます。

読み聞かせている私が「ブキャ！」というと、子どももこれに合わせて「ブッキャァー！」と大声で叫びます。

ストーリーもさることながら、「言葉の繰り返し」のおもしろさで楽しませてくれるわが子のお気に入りの１冊です。

（本間由佳）

Column

子育てに迷ったりいきづまったとき、そっと開いてみたい絵本

園では大好きな絵本がごっこあそびとなり、運動会では親子で「はらぺこあおむし列車」に乗り、満面の笑顔、笑顔。日々の忙しさのなかで子どもたちとの大切なふれあいのひと時です。

一方、仕事と育児の両立は常にプラス思考ばかりではいられない現実が待っています。子どもの心に寄り添ってあげたい。ゆったりと育ちを見守ってあげたい。そう思いつつも、親の心を知ってか知らずか、自我のめざめから自立へと子どもが見せる姿に戸惑い悩むときもきます。『ラヴ・ユー・フォーエバー』は、「元気にうまれてきてくれてありがとう」、それ以外何も望まなかったあのときの気持ちに戻してくれる1冊です。

「おかあさんは、うまれたばかりのあかちゃんをだっこしながらうたいます。アイ・ラヴ・ユーいつまでもアイ・ラヴ・ユーどんなときも。わたしがいきているかぎり、あなたはずっとわたしのあかちゃん」

ファミリーサポートセンターの講師をさせていただくときは、最後に必ずこの絵本を読みます。子育てを経験されてきた支援会員の方々は、胸中にある深い思いを絵本の主人公と重ね合わせ、感動と切ない想いに涙され、その反響の大きさに驚きます。

先日、職業紹介でお話をした中学校でもこの絵本を読みました。居心地悪そうに見入っていた中学生の1人が終了時、「反抗ばかりしていたけれど育ててくれてありがとうと言いたい」と、恥ずかしそうに話してくれました。何の説明も解説もいらない。絵本にはそれだけで感じさせてくれるメッセージ力があるのだと痛感した一瞬です。

私は卒園文集には必ず書く言葉があります。「人は人とかかわり、支えあってこそ生きていかれるのです。小学校に入り、中学校に進み、そして大人になります。あなたが誕生したとき、お父さんもお母さんもそれはそれはうれしかったのですよ。あなたが涙いっぱいのときは一緒に涙し、うれしいときにはともに喜び、あなたのひとつずつ育っていく姿をいつも愛おしいと大切に感じています。もしかしたらけんかをしたり、時にはつまずいたり、悩んだりつらいこともあるでしょう。でも、あなたはひとりぼっちじゃない。心からあなたを愛しているお父さんとお母さんがいるのです。そしてあなたのことが大好きな先生や、おともだちがいます」と。

子育てに迷ったりいきづまったとき、そっと開いてみましょう。子どもへのいとおしさと、親へのエール。そして親は子に育てられ、子は親になり、またその子にアイ・ラヴ・ユーの心を伝えます。親子の深いきずなを、静かな語りのなかから感じさせてくれます。そして、大きな感動はラストに待っています。心が温かい涙であふれることでしょう。一生の友となる絵本との出会いがありますように…。

（中島利子）

◆福村出版の本◆

子育て知恵袋

子どもを健やかに育てるために

滝口俊子・渡邊明子
井上宏子・坂上頼子 編著

A5判／並製／164頁
定価1,575円（本体1,500円＋税）

乳幼児・児童の保護者や保育者など、子育てに携わる人々のさまざまな悩みに、保育カウンセラー（臨床心理士）やベテランの幼稚園の園長ら専門家が丁寧にアドバイス。子育ての先輩から語られる子育ての知恵に、元気が出てくるヒントが満載。

ISBN978-4-571-11031-3

第1章　**性格・習い事・勉強・食育・しつけ**
[性格] 口答えする／嘘をつく／友だちに関われない／すぐにあきらめてしまう **[習い事]** 幼児期の習い事／習い事を始めるとき **[勉強]** なかなか宿題を始めない／家で勉強しない／勉強を教えるコツは? **[食育]** 小食・偏食／食べず嫌いで給食が心配／甘いものばかりほしがる **[しつけ]** 何度注意しても繰り返す／がまんをどう教える?／言葉づかいが気になる／次男に振り回される／かたづけができない

第2章　**発達の心配・くせ・生活習慣**
[発達の心配] 落ち着かず目が離せない／発音が心配／友だちと話せない／集団生活の騒音が苦手／普通学級に入れたいが…／自閉症の子を怖がる／障がいを受け入れられない **[くせ]** 指しゃぶり／チック／3歳女児のオナニー **[生活習慣]** 早寝より勉強?／自主的な生活習慣を／言われなくてもできる子に

第3章　**友だち関係・園生活・学校生活**
[友だち関係] まるで友だちの家来のよう／無視や仲間はずれに／同じ子としか遊べない／自分勝手 **[園生活]** 集団のなかで話せない／朝になると腹痛／同年齢の子と遊べない／落ち着いて行動できない **[学校生活]** 学校に行きたがらない／忘れ物が多い／学校でいじめられる

第4章　**家族関係・夫婦関係・実家との関係**
[家族関係] 妊娠したらベタベタ甘える／パンツの中にウンチをする／弟に遊びの邪魔をされる／兄たちと年が離れた末っ子／親を批判する／子どもを好きになれない **[夫婦関係]** 子育てに協力しない夫／セックスをしたくない／実家にべったりの妻／子育てができない妻／独身時代の自由が懐かしい **[実家との関係]** 親戚付き合いが負担／姑とうまくいかない／孫を溺愛する姑／孫に関心のない祖父母

第5章　**保護者間の悩み・保育者との関係・新人保育者の悩み**
[保護者間の悩み] よその子でも叱りたい／声をかけてもらえない／親同士の関係が苦手／子どものけんかで仲間はずれ **[保育者との関係]**「多動」と言われて呆然／担任が話しかけてくれない／担任が怖くて登園を嫌がる **[新人保育者の悩み]** ひとり遊びにどう助言?／保護者に言い出せない／表情が硬くしゃべらない

保育者のストレス軽減とバーンアウト防止のためのガイドブック
心を元気に 笑顔で保育
ジェフ・A・ジョンソン 著　尾木まり 監訳
猿渡知子、菅井洋子、高辻千恵、野澤祥子、水枝谷奈央 訳
四六判／並製／276頁　◎定価2,520円（本体2,400円＋税）

気になる子どもの保育ガイドブック
はじめて発達障害のある子どもを担当する保育者のために
徳田克己、田熊立、水野智美 編著
A5判／並製／164頁　◎定価1,995円（本体1,900円＋税）

気になる子どもと親への保育支援
発達障害児に寄り添い心をかよわせて
小川英彦 編著
A5判／並製／224頁　◎定価2,415円（本体2,300円＋税）

保育者が自信をもって実践するための
気になる子どもの運動会・発表会の進め方
水野智美、徳田克己 編著
B5判／並製／124頁　◎定価1,785円（本体1,700円＋税）

保育者が自信をもって実践するための
困った保護者への対応ガイドブック
西館有沙、徳田克己 著
B5判／並製／108頁　◎定価1,785円（本体1,700円＋税）

おすすめします！育児の教科書『クレヨンしんちゃん』
生きる力を育むマンガの読ませ方
徳田克己 著
A5判／並製／176頁　◎定価1,470円（本体1,400円＋税）

ねずみくんのチョッキ

おかあさんが　あんで　くれた　ぼくの　チョッキ
ぴったり　にあうでしょう
いい　チョッキだね
ちょっと　きせてよ
うん
えっ！　ぞうくんも！

◎なかえ よしを［作］
◎上野紀子［絵］
◎ポプラ社
◎1974年

子どもたちは絵本が大好きで、毎日たくさんの絵本の読み聞かせをしています。

本年は2歳児クラスの担当をしているのですが、２歳児クラスでは、半年も過ぎると日常的な会話もしっかりとできるようになり、絵本の簡単なストーリーの展開も理解できるようになってきて、絵本の楽しみ方にも幅がでてきます。子どもたちにとって何回もリクエストをして読んでもらう絵本の魅力の１つは、自分たちが覚えたストーリーが予想通りに展開することにワクワクすることでしょう。その度に歓声を上げ、目を輝かせて楽しんでいる姿は、私たちまでもがワクワクさせられる場面です。

その１つに「ねずみくんの絵本シリーズ」があります。シリーズのなかの『ねずみくんのチョッキ』では、「かして」「いいよ」のことばの掛け合いが、遊びのなかでのおもちゃの貸し借りでも活きています。おもちゃ等を譲らない友だちがいると、「ねずみくんはチョッキを貸してあげたのにねぇ」と言う子どももいて、自分たちで解決しようとする姿も見られるようになっています。

『また！ ねずみくんのチョッキ』では、ねみちゃんに貸したチョッキが動物の友だちにどんどん回っていき、最後にぞうが着て伸びてしまいます。このチョッキが自分のチョッキだと知らずに、楽しそうにぞうと一緒に歩いている姿を見て、「本当はねずみくんのチョッキなのにね」と、ヒソヒソと笑みを浮かべながら友だちと会話が弾んでいる姿も微笑ましいものです。

『ねずみくんのブランコ』では、ことりが乗っていたブランコに、「だめよ」といわれているのに無理矢理にねこが乗ってしまいます。そこで、ことりのお父さんとお母さんが怒って、ねこを空の方まで連れて行ってしまいます。子どもたちは、「降りられなくなったよ」「ねこさんは悪いね」等と、しっかりと自分の思っていることを伝えたり、ねこがブランコに乗ったまま空へ上がっている場面を見て、「なぜ、空に向かって上がっていっているのだろう?」という不思議な表情を浮かべるなど、考えている姿が伺えます。

そして今、子どもたちのなかで最もお気に入りの本は『ねずみくんとホットケーキ』という絵本で、毎日読んでいます。保育士が違う絵本を読んでいると、本棚からホットケーキの絵本を取り出してきて、「これ読んで」と言ってくるほど大人気です。

子どもたちの世界のなかで想像が広がり、ままごとあそびのときにも登場してくる動物になりきり、「私はぞうさん、バナナが好き。バナナのお料理がいいな」「ぼくはさかな」「私はクルミ」「ニンジンがいいな」等、それぞれの役になりきり会話を楽しんでいます。子どもたち同士でごっこあそびがどんどん展開していき、遊びが広がっています。絵本の内容で子どもが共感しあい、遊びでも共感しあい、子どもたちの世界で次々に展開していく絵本の力はすごいなあと、いつも感動します。

園の秋祭りの行事で、今年もみこし作りをしました。子どもたちの関心は、この半年間いつもそばにいた「ねずみくん」。なかでも『ねずみくんとホットケーキ』は、共同作品のおみこしで、1人ひとりがその絵本に対する思いを込めてホットケーキを作り、楽しい絵を描いていました。でき上がったおみこしを、「わっしょい、わっしょい」と大きな声を出して掛け合い、お祭りごっこも絶好調です。

絵本は、1人ひとりの子どもの成長過程に応じて考える力が身についたり、思いをめぐらすなどして豊かな心を育てます。また、友だちと共感する喜びも与えてくれるので、子どもだけでなく、おとなにとっても絵本の力は魔力だと感じます。大好きな絵本に出会うのは、幸運なことです。

(黒田 静)

そらまめくんのベッド

◎なかや みわ［作・絵］
◎福音館書店
◎1999年

昨年、年中組のときに蒔いたそらまめの種が育ち、年長組へ進級した今年の春、収穫の時期を迎えました。収穫の後、さやを剥く体験のなかで、「うわぁ！」と声を上げ、白いふわふわのさやの中を触りながら、「そらまめくんのベッドって、ホントにふわふわだね」「そらまめくんって１粒じゃないんだね。グリーンピースの兄弟みたいに兄弟がいるんだね」と子どもたち。絵本と体験が繋がった場面でした。

そこから絵本に出てくるえだまめやさやえんどうなどにも興味をもち、菜園活動でマメ科の植物を育てることが多くなりました。収穫のたびにベッドが話題となり、「絵本と同じだね」と、子どもたちは嬉しそうな表情を見せます。子どもたちは絵本のことや育てている豆のことを家庭でも話し、保護者から「ジャックと豆の木を育ててみませんか」と、種をもらいます。本当はなた豆というマメ科の植物ですが、子どもたちは「つるが伸びたら、ぼくが一番に空に登ってくる!!」と、意気込んでいます。

１冊の絵本からさまざまな発見や関心を広げ、子どもが成長する姿をみて、子育てを楽しむ保護者の姿は、私たち保育士にとっても大きな喜びだと感じます。

（馬場利江）

のはらうた　Ⅰ～Ⅴ

かぜ　みつるくんが
とおりぬけながら　はなしてくれたことばが、
うたのようでした。
「かきとめておこうか」
「たのむぜ」

◎工藤直子［著］
◎童話屋
◎1984年

私が初めて「のはらみんな」に出会ったのは、クラスを担当していた保育士の頃です。保育のなかでたくさんの絵本に出会い、その楽しさや悲しみなど、いろいろな思いを子どもたちと共有してきました。このとき出会ったのが、こぶたはなこさんやこうしたろうくんです。工藤直子さんの絵本の主人公たちです。

やることや考えることが楽しくておもしろくて、何度手に取り、子どもたちに読み聞かせたことでしょう。はなこさんやこりすすみえさんたちが生き生きと生活している姿は、とても魅力的でした。

その後に登場してきたのはらむらのみんなを、私はまるで友だちのように感じていました。保育室にクモを見つければ「やすけくん！」と声をかけ、園庭にアリを見つければ「ありんこたくじくん、がんばれ！」と応援。子どもたちが「ヘビをみつけた！」と大騒ぎすれば、冷静に「それはへびいちのすけくん。たまには顔を見せてくれたのだと思うよ」などと言ったものです。

このように絵本のなかのみんなは、すぐに保育のなかで存在感を示してくれるようになりました。しばらくして私は園長になりました。園長としての私の仕事を考えたとき、子どもたちに日本語の美しさを伝えていくのもその使命であると気づきました。そこに登場したのが『のはらうたⅠ』でした。

手のひらサイズの本を開けばこぶたはなこさん、こうしたろうくん、うさぎふたごさんなどの旧知のみんなが素敵な詩を書いていました。声に出して読めばもっと楽しくなるではありませんか。そのうち、のはらむらの1人ひとりに子どもたちが重なり始めました。子どもたちの誕生日のカードに掲載されている詩のなかからこの子にふさわしい詩を寄せながら、これを子どもたちと一緒に暗唱できたらきっと楽しいに違いないと確信しました。

そこで年長児の担任保育士に提案しました。毎日、子どもたちと『のはらうた』を楽しんでほしいと。このときから、毎朝の詩の暗唱が始まりました。季節に合わせて、気分に合わせて保育室に『のはらうた』の1つが掲示されます。それをクラスで声を合わせて暗唱していくのです。毎朝やれば子どもたちが覚えてしまうのは当然。折に触れてのはらむらの友だちが目に入ると（それは風だったり、タンポポだったり、メダカだったりするのですが）、声を合わせて詩を暗唱します。日常の保育のなかに息づきながら、どんどんレパートリーは増えていきました。発表会、入園式などの場で披露しては、ちょっと得意な気分にもなりました。

『のはらうた』の暗唱は、子どもたちの力を別の形でも引き出していきました。楽しい『のはらうた』だけでなく、他の詩でも楽しめると感じ、それは次第に古典へと繋がっていったのです。俳句、短歌、和歌、子どもたちはどんどん覚えて暗唱していきました。そのうちに、『枕草子』『平家物語』『奥の細道』『方丈記』など幅広く吸収していくことになったのです。それはとりもなおさず、私たちが先人たちから受け継いできた文化でした。これが子どもたちに繋がったと実感したとき、その扉を開いてくれた『のはらうた』に、私は心から感謝したのでした。

現在、当園では『のはらうた』は年中児たちが暗唱しています。『のはらうた』を基礎にして年長児に進級し、古典の暗唱に取り組みます。古語が多く、意味もどこまでわかっているかわかりませんが、大切なのは美しい日本語を体のなかに取り込むことだと思うのです。美しい日本語は心地よいリズムをもっています。このリズムが『のはらうた』にはあるのです。

これからも『のはらうた』のなかのたくさんの詩を子どもたちと楽しみながら、美しい日本語と体で感じるリズムを大切にしていきたいと思っています。

（村松幹子）

エルマーのぼうけん

- ◎ルース・スタイルス・ガネット［作］
- ◎ルース・クリスマン・ガネット［絵］
- ◎わたなべ しげお［訳］
- ◎子どもの本研究会［編集］
- ◎福音館書店
- ◎新版1963年

乳児のころからたくさんの絵本を読み聞かせてもらって育ってきた子どもたちは、聞くということがとてもじょうずです。大人が伝えたいことにはきちんと向き合い、素話も自分のイメージをもって聞くことができるようになります。そこで年長児になって出会うのが幼年文学。とくに『エルマーのぼうけん』はその入口にふさわしいと感じています。

『エルマーのぼうけん』の読み聞かせが始まると、保育室は一気に「どうぶつじま」空気になっていきます。積み木での構築、自然物や素材での製作などにこの物語の場面が表れてきます。戸外遊びにも冒険ごっこが登場します。子どもたちにとってエルマーは自分そのものであると感じているのでしょう。

さまざまな活動のなかでエルマーを体験して、行きつくところは劇遊びです。どうぶつじまでのエルマーを表現する活動が盛り上がらないわけがありません。りゅうの子どもを助けたいという思いは、エルマーのものであると同時に子どもたち１人ひとりのものになっていることを感じます。心のなかのファンタジーは今を生き、今この時を楽しんで過ごす子どもたちにとっての必要なエネルギーなのではないかと感じています。（村松幹子）

生まれてきてくれて ありがとう

ともちゃんのお母さんに
もうすぐ2人目の赤ちゃんが生まれます。
でも……ともちゃんの気持ちは複雑です。
自分だけのお母さんでいてほしいのに……
揺れ動く、お姉ちゃんになる気持ちが
鈴木せい子さんの文と、立花千栄子さんの
優しいイラストにより
ほんわかと温かく心に伝わります。

◎鈴木せい子［作］
◎立花千栄子［絵］
◎ぱすてる書房

「ぼくが生まれてきてよかった？　ってママに聞いたら、すごく嬉しかったよって言ってた」「赤ちゃんって、最初はとても小さくってびっくりしたよ」と、年長児が、純粋な瞳をキラキラと輝かせながら、感想を話してくれました。

　春の陽射しが温かく降り注ぐ卒園間近の3月、みしま中央保育園では毎年恒例の西方助産師、藤田助産師による「命の話」講演会を実施します。年長児親子を対象に、『生まれてきてくれてありがとう』の本を読みながら、命の大切さを、たくさんの教材を使ってわかりやすく教えていただきます。

　受精卵の大きさは針で紙に穴を開けたくらい小さいもの。それから、お母さんのお腹の中で大きくなる様子を、本物と同じ重さの人形を実際に子どもたちが抱っこして実感したり、赤ちゃんが産道を通って出産する場面を、マットのトンネルを通って体験します。

　トンネルのゴールにはお母さんが待っていて、感動の抱っこです。「お母さんのお腹の中から自分の力で頑張って出てきたあなたたち。生まれてきてくれてありがとう！」「生まれてきてくれた喜び、そのときの気持ちを思い出してくださいね。お父さん、お母さん……」と、優しく語られます。

　子どもの誕生を知ったときの喜び、ただただ無事に生まれてくれればいいと願った出産。成長と共に親の期待ばかりが増してくる。一番大切なものは「いのち」。生きているだけで100点満点！　と、強い熱意が伝わり、お父さん、お母さん、保育士の目に涙が溢れ、会場はシーンと静まりかえります。5歳児の無邪気な顔が、眼差しが、いつになく真剣で、その表情にも心打たれ、感動的で心に残る講演会になるのです。

　『生まれてきてくれてありがとう』の著者は鈴木せい子さん。群馬県で助産師をされながら、全国各地でいのちの大切さを伝える講演会活動やいのちの教育、著作活動など幅広く活躍されています。いのちの原点で責任ある仕事についてこられた助産師さんにしか書けない絵本です。赤ちゃんがこれから大きく成長していくなかで、ワクワク・ウキウキすることと同じくらい、辛く悲しいことも必ず訪れます。そんなとき、出産の場面や気持ちを思い出してほしい。1人ひとりの命はかけがえのない宝物であるということ、たくさんの愛情に包まれて大きく成長でき、これから先にある困難も乗り越えられる力を皆もっているんだよ！　と、力強いメッセージがこの本から伝わります。

そして、講演の最後には〝ミネハハ〟が歌う『ありがとう』の歌に、皆でじっと聴き入ります。

〜♪『ありがとう』♪〜
小さな命宿ったときは
母さん父さん　大喜びだったよ
生まれた時は　ただうれしくて
毎日寝顔を眺めていたよ
あなたの笑顔　あなたの泣き顔
握り返した小さな手　歩きはじめた小さな足
あれからどれだけ過ぎただろう
あっという間の今日でした
ただまっすぐに　まっすぐに
ただしあわせに　しあわせにと
生まれてくれてありがとう
母さんの子どもでありがとう
しあわせその手でつかんでね
愛しいあなたの　今よ輝け

作詞（岩堀美雪）

2011年10月に、原稿を書いています。2011年3月11日に起きた東日本大震災で「命の大切さ」を痛感させられました。世のなかで一番尊い「命」を大切に思う子どもたちに成長してもらいたいと、この本を推薦致します。

保育園の前庭には、秋桜に混じって百日草が元気に咲き誇っています。百日草の花言葉は……「生きる」です。

（岩本久美子）

生きてるだけで百点満点

◎鈴木せい子［著］
◎サンマーク出版
◎2005年

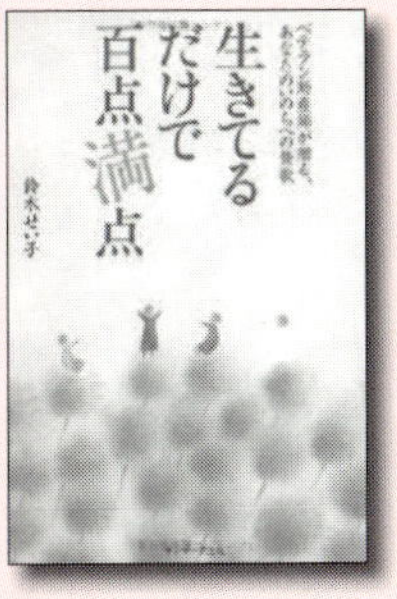

日々、悲しいニュースが流れます。目や耳を塞ぎたくなるような「命」を軽視した事象。

揺れる思春期をどう過ごしたらよいのでしょうか。

必ず訪れる自分探しの旅。戸惑い、悩み、傷つく子どもたちをまっすぐに導いてくれる本。のべ10万人が聞いたという講演の内容がまとめてあり、自分を肯定できることが、他者を愛おしむ気持ちにつながることを教えてくれます。小さい子どもをもつお母さん、お父さんにこそ、今から読んでいてほしい本です。

命の現場にいる助産師さんからの強く、心の奥底に響くメッセージがあります。子どもたちに携わっている、私たち教育現場にいる保育士や教師も同様です。

子どもたちはどの子も心に灯をもっています。その灯に温かい息吹を吹きかけ、人間らしく輝いてほしい。生きてるだけで百点満点！　（岩本久美子）

中川李枝子さんにきく
“私と絵本”

子どもたちがキラキラ目を輝かせ、わくわく心を躍らせながら読む絵本を、たくさん世に送り出されてきた中川李枝子さん。多くのロングセラーをもつ中川さんに、絵本作家になったきっかけや、保母さん時代のこと、絵本とのかかわりなど、お話を伺いました。

インタビュアー◉青木紀久代

『いやいやえん』で育った子どもたち

青木紀久代◎実は『いやいやえん』が刊行された頃、私は幼稚園に通っていた年頃でしたから、この頃の子どもたちそのものを生きてきた人間です。この本を息子と娘に読んであげたのも、ちょうどしげるくんと同じぐらいの年。この本は初めて子どもに読み聞かせて、子どもがノリノリになってくれた本でした。私たち親の世代も育てていただきましたし、すごく思い出深い本です。

中川李枝子◎そうですか。ありがとうございます。

「求む、主任保母」にひかれて保育者の道に

青木◎先生は『いやいやえん』がデビュー作ですよね？

中川◎そうですね。作家になるつもりは全然なくて、日本一の保育者になるつもりだった。そして、私はなれると思っていたの。学校を卒業したとき、すごく自信に満ちていたのね（笑）。園長になりたかったんですけれども、園長の口は全然なかった。

青木◎学校を出立てで園長先生はちょっと無理かもしれませんね（笑）。

中川◎そう（笑）。でも、1つだけ「求む、主任保母」というのを見つけまして、それで面接を受けたんですよ。今の駒沢公園が草ぼうぼうの野っ原で駒沢グラウンドといっていた頃。1955年ですから、まだ戦後が終わっていない時代でした。駒沢グラウンドは41万平米ありますが、その隅っこのほうに小さい無認可のみどり保育園があって、求人票を出したんですよ。勇んで面接を受けに行ったら他に誰も来なくて、即採用になったんです。

青木◎園児は何人ぐらいいたんですか？

中川◎30人もいなかったでしょう。年長と年中だけでした。先生は「はるのはるこ先生」1人。誰が行っても主任保母になるの。

青木◎『いやいやえん』のちゅーりっぷ保育園そのものですね。

中川◎そう、そのものです。

青木◎だからとてもリアルなんですね（笑）。

中川◎みどり保育園に行かなかったら作家にならなかったと思いますね。私の選択は間違っていなかったといつもいばるの。コネなんか頼りにしないで、自分でちゃんと就職口を見つけたとね。

保育士時代のエピソード

青木◎保育士時代で、思い出に残っていることがありましたらお聞かせいただけますか?

中川◎みどり保育園の出発点は地域の婦人会の人たちの青空保育です。グラウンドに子どもたちがいっぱい遊びにくるから、保育したんですよね。今でいうボランティアですが、その中心にとても経験豊かな元保母さんがいらした。はるの先生はボランティアで参加、元保母さんから保育のハウツーを学んだそうです。そして、青空保育が解散してからも続けたくて、ポケットマネーで雨露しのぐ程度の小屋を建てて保育園を始められたんです。それがみどり保育園。でも、1人ではできないから「求む、主任保母」という募集をしたというわけね。「求む、主任保母」とでも書かなきゃ、こんなところに誰も来てくれないだろうと言ってました(笑)。

　まず第一に、「子どもが毎日喜んで来る保育をしてちょうだいね」と言われました。それから、「母親にとって子どもはすごく大事で、それを赤の他人に預けるというのは非常に勇気のいることなのよ」と言われて、「へえ」と思いました。私には、まだ何もわかっていなかったんです。

青木◎子どもの教育だけではなくて、親と子をつなぐというところも意識されたんですね。

中川◎はい。親の信頼をなくしてはいけないときびしく言われました。そして、この保育園はお金がありませんからぜいたくはできませんと。戦後は終わっていない質素な時代でしたが、親にしてみれば子どもによかれと思って保育料を払って保育園に預けている。そのお金は一銭一厘無駄にできませんよということですね。でも、玩具でも本でもこれは保育の上で絶対に役に立つ、子どもたちに必要だと自信をもってお願いすれば、ちゃんと買ってくださいました。それでまず岩波子どもの本を買ってもらったの。

青木◎いい出会いでしたね。子どもたちも元気でした?

中川◎そりゃあもう。園にくる途中、散々その辺で遊んでくるから、来たときには泥だらけの埃だらけで汚いのよ。みんなをお風呂に入れて、奇麗になったところをみたいと思ったわよ(笑)。

青木◎先生の作品には、どこかにそういうモチーフがありますね。先生の生きたお子さんとの毎日の生活ややり取りが、絵本の世界に繋がっている。

保育者になった理由

中川◎私が保育の道を選んだのは、児童文学をいっぱい読んだから。中学生のときに岩波少年文庫が発刊されたんです。私は本が大好きでしたから手当たり次第に読みました。古今東西の優れた少年少女向けの本です。

青木◎たとえばどんなご本ですか?

中川◎『小さい牛追い』『ドリトル先生』『海底二万里』などなど、少年文庫はほとんど読みました。今なお読み続けています。一番の魅力は、いろいろな子どもが出てくること。私も子ども相手の仕事をしたいと思ったの。

　私の育った世代は、小中の9年の半分は戦争中の教育なんですよ。小学校の4年生の夏休みが終戦なの。夏休みが終わって学校に行ったら、もう民主主義の時代になっていた。突然教科書に墨を塗るとはどういうことかと、私は非常に憤慨したわけですよ。私は札幌に疎開していましたが、その日は教室にスーツを着た男性たち（役人）がずらっと並んでいて、墨を塗るところを監視していたんです。

　私、学校は大好きだったんですけれど、教科書に墨を塗るというのは自分なりにすごくおかしいと思って、だまされた、くやしいという気持ち、これは忘れてはいけない、覚えておこうと、自分に言い聞かせたの。

青木◎なるほど。

中川◎それに、それまでは校門を入るとまず奉安殿（注：天皇と皇后の写真と教育勅語を納めていた建物）に最敬礼をしていたのが、奉安殿が壊されてしまったのよ。今まであったものがその日からないというだけで、何か信頼感のよりどころをなくしたような不安を感じましたね。

中川李枝子さん

いい本にはいい大人が出てくる

青木◎子どもの頃読まれた本で、印象に残っている本はありますか？

中川◎たくさんあるけれど、特にケストナーはすべて読みました。筋が通っている。だから安心して本のなかに入っていけるの。いい本にはいい大人が出てくるんですよ、信頼できる大人が。

青木◎モデルになる。

中川◎名作ものといわれるだけに、そこにはちゃんとした人間がいる。いろいろな子どもが出てくる。作られた優等生なんか1人もいない。みんな、生き生きとした子どもばかり。私みたいな問題児も多くて嬉しくなっちゃう。そして、一生懸命悩んだり、怒ったり、悲しんだりする。子どもというのはあっちにぶつかりこっちにぶつかりいろいろなトラブルに遭遇して、自分で解決して成長していくのですから、ハラハラドキドキおもしろかったですね。

青木◎登場人物の子どもに自分を置きながら一緒に体験するということですね。

中川◎中学生だったから、時には大人の目になったり、子どもの目になったり。10代というのは難しい年頃でしょう。自分で自分をもて余すような……。そういう時にきちんと書かれた本を読んだのはとてもよかったですね。こういう人になりたいという人が出てくるわけですから。いろいろな人に出会えるというのは貴重な体験だったと思います。

戦時下の子ども時代

中川◎戦争中はみんな本を求めましたよね。自分の持っている本を元手に貸し借りしたり、本を持っていない子は自分で本を作って回していましたよ。

青木◎厳しい時代でも、子どもはいろいろ工夫して楽しんでいたのですね。

中川◎そう。女の子というのはおしゃべりなんですよ。何しろ、学校に行ったらおしゃべりが楽しいんです。いつ、誰が決めたのか知らないけれど、私たちのおしゃべりは「戦争になる前は」で始まる。今思うと眉唾だけど、「お母さんはダンスホールに行っていたのよ」「お母さんは首飾りをして、耳飾りもしていたのよ」「お母さんはこんなたかぐつ（注：ハイヒール）を履いていたのよ」と、どこかから仕込んできて友だちの前でお話しすると、みんな目を輝かせてうっとり聞くのね。そんなの嘘なんて、誰も言わない。それで楽しいの。キンコンと鐘がなるとスッと少国民になって、お教室に入って「兵隊さんのおかげです」なんて歌う。子ども時代はおもしろかったわね。

青木◎そういう話を語り合って共有することの豊かさが、先生のなかにもしっかりおありになる。

中川◎あの頃はいつ空襲があるか分からないから、道草してはいけないんですよ。でも、友だちと離れたくないから少しでも時間稼ぎをする。出征兵士のおうちに寄って、「武運長久」の最敬礼をして帰るのならお国のためだからいいだろうと、誰かが考えたのね（笑）。私、杉並区の天沼にいたんですが、あの辺はどうも軍人さんが多かったらしい。井伏鱒二さんの随筆を読むと、そんな感じがするわね。飛行機で名誉の戦死をとげた方とか。門に「荒鷲の家」とか「英霊の家」という札がかかっていたんです。そこでもうやうやしく最敬礼して帰るわけね。

青木◎先生のご本のなかには、寄り道とか探検とか、いろいろなエピソードが出てきますね。それも、そうしたご自身の体験から生まれていたのですね。

作家への道

青木◎『いやいやえん』は、保母さんをしながら書かれた作品ですね。

中川◎そうなんですよ。何で書くようになったかというと、さっき言いましたように岩波少年文庫の熱烈ファンでしょう。当時、朝日新聞の夕刊に女性のグループ訪問というのがあって、あるとき、童話を書いているグループが取り上げられ、いぬいとみこという人が紹介されていました。

青木◎『ながいながいペンギンの話』の作者ですね。

中川◎そう。岩波書店で岩波少年文庫の編集にかかわっていると書いてあったの。あら、私の大好きな本をつくっている人がいるんだということでカッと興奮して、朝日新聞社気付で手紙を出したの。そうしたらいぬいさんから返事がきて「いらっしゃい」というんですよ。それで言われる通りに神田の神保町に行ったら、同人誌の集まりだったの。それからは、いぬいさんの腰巾着みたいになったのね。

青木◎また良い方に出会われた。

中川◎その頃、『麦』という同人誌があったんですが、内部分裂で、いぬいさんが抜けたのね。それで私も一緒に抜けて、5人で『いたどり』という同人誌をつくったんです。

そのうち私にも書く番が回ってきたの。ちょうどその頃、保育園に勤めたばかりだったんですが、せっかく保育園に勤めたのだから、子どもたちに聞かせるお話を書いたらどうかと言われて、書いたのが『いやいやえん』です。結構みんな厳しくてね。私の書いたものをじっくり読んでくれて、にっこりともう1回書き直しなんて言われて何度も何度も一生懸命書きなおしました。
　ここでも人に恵まれたんですよね。私の他は10歳ぐらい年上だったかしら。民主主義の教育なんか受けていない。戦争中は学徒動員で勉強したくてもできなかったから意欲まんまん。ボーボワールがどうだとかサルトルはどうだとか、そんな話ばかりしているの。いぬいさんはいぬいさんで、石井桃子さんと子どもの本の研究会を始めた頃で、研究会でこういう話が出たなんてことを私たちにも話してくれました。それで私もいろいろと刺激を受けました。ほんと幸運でした。

青木◎この時代の児童文学を担っていた、本当に中核的な方々ですよね。いろいろなところで作家の芽が吹いてきたのですね。

中川◎子どもが毎日喜んで来る保育をしてくれと言われたから、必死になって子どもを観察したんですよ。そうしたら、子どもというのは実によく遊ぶということがわかったのね。子どもは遊びながら育つということも。よく見ていると、よい遊びとくだらない遊びがあって、良い遊びは子どもが育つ栄養になる、頭を使い、体を使い、心を使うのです。
　想像力の豊かな子はいい遊びをするんですよ。想像力が貧しい子どもは本当に駄目なのよね。結局、保育というのはいかに子どもをじょうずに遊ばせるかに行きつくと思ったんです。子どもをじょうずに遊ばせるためには子どもの想像力を育てないといけない。想像力を育てるには本が一番いい。それで、いぬいさんに相談して、岩波子どもの本を園長先生に買ってほしいと言ったらすぐ買ってくださったの。それで全冊そろえたんです。その他私の持っている少年文庫もよく読みました。

青木◎そうすると、4、5歳の子どもが岩波少年文庫の読者だったと?

中川◎きちんと書かれた本は小学生むけでも読んでやればわかりますよ。私は2歳の子だから2歳向けの本がいいとは考えないですね。目の前にいる子どもが喜ぶか喜ばないかで決めるわけでしょう。

青木◎素晴らしいですね。本をポンと与えるというのではなく、やはり先生の生きた子どもの様子をしっかりととらえてのかかわりが大きい。

中川◎自分の好きな本はじょうずに読めるし、好きでない本はじょうずに読めないというのは当然のことですからね。私は自信過剰だから（笑）。岩波文庫に『グリム童話集』（金田鬼一訳）があります。私、小学校2年生のときから愛読しているんですが、あれがとても役に立ったの。いつもピアノの上に乗せておいて、そのなかからちょっとしたお話を選んでは子どもにしてやりましたね。だから、子どもの本、大人の本なんて全然区別しないで、これは今、目の前にいる子どもが喜ぶかどうかというだけで読んでいたの。そうした経験も、本を書くのに非常に役に立ちました。

子どもの遊びから作品が生まれる

青木◎先生の作品は、先生と子どもとの生き生きしたかかわりのなかで湧き上がってきたのでしょうか?

中川◎同人誌のおかげです。書かなきゃならない順番が回ってきちゃってね。保育園の子どもたちがヒントになったの。ちょうど保育園にしげるちゃんが来ていたんですよ。あの頃は本当に世の中、混沌《こんとん》としていて、おもしろい人たちがいましたね。しげるちゃんのうちは何をやっているのかわからないけれど、毎朝、お父さんがすごくいい格好でご出勤。なにしろ立派な紳士なのです。

青木◎しげるちゃんにお父さんがいた!!

中川◎ところが家庭は火の車だったらしいの。お父さんがぜいたくで、小学生のお兄さんとお姉さんの服まで銀座のサエグサで買ってくる。おうちは火の車になり、お母さんがパートで働くことになって、民生委員がしげるちゃんを連れて来たのよ。保育園で預かってもらえないかと。しげるちゃんは特別扱いで預かったんですが、すごくかわいい、おもしろい子でしたよ。

青木◎でも、本からすると、ちょっと気ままにルールを破るタイプのお子さんだったのですよね。

中川◎こどもらしい子ということです。保育園の子はみんな絵を描くのが好きでした。ある日お散歩から帰ってきたら、横長の画帳のはしに赤で山を1つ描いて見せにきた女の子がいました。「お山にリンゴの木があったらいいわね」と言ったら、ニヤッと笑ってぱっと自由画帳をひったくって、となりに黄色でシャッと山を描いて持ってきたの。「バナナの木?」と聞くと、また嬉しそうに「そう」って言うのよ（笑）。

　桃色で描いてきたら桃の木でしょう、紫ならブドウでしょう。子どもはクレヨンを果物で言うじゃない。だからお話の種は、その子からもらっちゃったのよ（笑）。でも、子どもがくれたのをそのまま使うのはしゃくだから、私はもう1つ黒い山を描いてお話にしたの。子どもの持ってきたものを膨らませてちょっとよくしなきゃ、主任の面目が立たないから（笑）。『ももいろのきりん』も、『そらいろのたね』も、子どもへのプレゼントです。

青木紀久代編集長

青木◎母親として1人の子どもに読ませるとき、昔の話になりますが、しげるくんのところに自分の子どもの名前を乗せて、「しげるはつまらなくなりました」とあるところを、「○○は……」と言ってじっとしていると、「つまらなくなりました」と本人が言うんですよ（笑）。先生の作品には、読みながら子どもとファンタジーを分かちあい、生き生きとかかわるチャンスがたくさん生まれていきます。

中川◎『いやいやえん』のなかの「くじらとり」もしょっちゅう子どもがやっていた遊びなんです。この遊びをしていた頃、日本の南極探検のニュースが世間を沸かせていたんですよ。ニュースはすぐに子どもの遊びになります。南極から帰って来たときに花束贈呈があったんですが、それが印象的だったのね。すぐに遊びになりました。

青木◎「くじらとり」にも、楽しい花束贈呈が出てきますね。

中川◎ええ。「くじらとり」は子どもたちと一緒に作った話です。時には、みんなの機嫌が悪い日があるでしょ。湿度の高い日とか、遊び過ぎてくたびれた日とか。そういうときは丸く座ってお話づくりをするの。最初のイントロだけ私が話して、1人ずつその続きを話していくの。

青木◎そうなのですか!　先生と子どもが遊びながらお話を作る。いいお話が聞けました。

ぐりとぐら

中川◎岩波子どもの本はどれもみんな大好きでしたが、『ちびくろサンボ』は特に人気があったのね。

青木◎懐かしい！　その本、私も大好きでした。「るるる」というのを「るるるっ」と言ってぐるぐる回っていましたよ、私。

中川◎これを読んだ頃は、私も新米で男の子がなかなかなつかなくてね。女の子はお姫様が出てくればいいの。うっとりと聞いてくれる。でも、男の子はそうはいかない。非常に手強かった。そこで『ちびくろサンボ』をやったらもう大変。喜んで喜んで、1日1回じゃ満足しないぐらいに全員出席（笑）。

青木◎目に浮かびますね。わくわくしている子どもたちの姿。

中川◎子どもたちがあまりにも『ちびくろサンボ』が好きだったので、園長先生がおうちから材料を一式持ってきてホットケーキを焼いてくださったんですよ。その頃はまだ、ホットケーキを食べたことがない子もいっぱいいたから大よろこび。おいしいというより、みんなで食べたことが嬉しかったのね。

　うちに帰って話すとお母さんも嬉しい。それでなんだか私、胸が痛くなって、もっといいものをごちそうしようと思ったの。材料でも値段でもホットケーキよりいいものといったら、その頃はカステラだったんです（笑）。お話をつくるに当たって、主人公が決まらなくてはお話が動かない。それで、「おおきいたまご」という題で書いたんですよ、この話。

青木◎『ぐりとぐら』ですね。

中川◎書くに当たって、主人公に名前をつけるのが大事なんです。実は、フランスの絵本ですが、白黒のネコがキャンプに行く話なんです。ここに出てくる白い子ネコと黒い子ネコはちょっとドジなネコで、いろいろ失敗したりするんですが、子どもたちはすごくこの話を気に入ってね。ネズミたちが「ぐりくるぐら」と歌を歌うところがあるんです。その歌になると子どもたちが一緒になって大合唱になるの。大好きでね。それで私は主人公のネズミの名前を「ぐり」と「ぐら」にしたんですよ。だから、これも子どもからもらったアイデアなんです。

青木◎ネズミのほうが主役になったんですね。「ぐり」と「ぐら」のヒントがネズミが歌っていた歌にあるとは知りませんでした。

中川◎その絵本は、フランス語で『Pouf et noiraud』というの。

50歳の告白

中川◎先日、かつて保育園にいた女の子が、50年ぶりにとつぜんエッセイ集を送ってくれたの。

青木◎まだお付き合いがあるんですね！

中川◎何でもおしゃべりする子と思っていたのですが、お父さんの家庭内暴力のことは私全然知らなかったんですよ。絵に描いたような超エリートお父さんがアルコール依存症で木刀を持って妻と子を追いかけ回していたなんてショックでした。

青木◎50歳になって告白された！

中川◎それこそ1日も休まないで保育園に来てくれた子でした。

青木◎保育園はその子の支えだったでしょうね。

中川◎保育園で先生にかわいがられたのが、支えになったそうです。

青木◎子どもたちにとって、先生との出会いは生涯の心の拠り所なのかもしれませんね。今日はいろいろお話を聞かせていただき、中川先生の魅力がより一層見えてきました。本当にありがとうございました。

中川◎こちらこそ、ありがとうございました。

第2章 地域の子育て支援の場で読み聞かせたい絵本

第2章の作品

おまえうまそうだな

でんしゃにのって

ちいさなくれよん

あめのひのえんそく

ちびゴリラのちびちび

くるりんぱ①　だーれ？

ふうせんくまくん

ぼくもいれて

おべんとうバス

おでんのゆ

あぶくたった

ぞうのボタン

あなたがだいすき

わすれられないおくりもの

しょうぼうじどうしゃじぷた

きかんしゃやえもん

あかがいちばん

しりたがりやのふくろうぼうや

はじめに

心が動く実践

瀬川未佳

近年、地域での子育て支援がさかんに行われています。昔は、地域社会が発達していて、子育ての知恵の伝承は知らず知らずのうちに行われていました。また、子ども同士の群れができて、その関係性のなかで子どもは育っていきました。これらの自然発生的な支援や環境が望めないのが、現代の子育て事情です。乳幼児との接触経験のないままに子育てをはじめる多くの親にとって、子育てひろばなどの親子の居場所、ちょっとした知恵を教えてくれる支援者、子育て仲間との出会いは、大きな支えになっています。

この章では、このような子育て支援の場での実践を紹介します。どれも子どもや親がこころを動かしている様子が伝わってくる実践ばかり……。私もすぐ数冊の絵本を取り寄せて読み、改めて感じ入りました。

◆大人への読み聞かせ

この章では、聞き手が大人になっている実践も多いので、大人への読み聞かせについて私からも少しお伝えしようと思います。

ある保育園の絵本講習会で、おもしろい試みをしたことがあります。保護者が2人一組になり、交互に読み聞かせをするというもの。講習会の中盤でこのことを伝えると、一同「えーっ!?」。嫌がるのもわかるけれどもやってみてほしい、読み手はうまく読まなきゃと思う必要はまったくない、聞き手は文章を読まずに絵を味わって……と伝えて、読み聞かせタイムをスタートさせました。

読み手がおずおずとページを開いて読みはじめると、聞き手はじっと絵本をみつめています。そのぎこちない空気に、正直どうなるかと思いましたが、徐々に空気がやわらぎ、読み終えて聞き手が顔をあげたその表情が、すべてを物語っていました。ほのぼの、にんまり、うなずいて読み手を見る……。感想を聞くと「子どもになったような……ワクワク感があった」「自分のためだけに読んでもらうって、こんなにうれしいんだ」「絵のこまかいところまで見れた。今まで見ているようで見てなかったのかも……」。

当たり前のことですが、大人は文章が読めるので、読み聞かせをしなくても絵本は味わえます。けれども、読み聞かせてもらうと、絵をしっかり読み込むことができ、こころをより自由に動かして絵本の世界を味わうことができるのです。そしてそこには、その人の人生経験や想いが入り込みます。究極的には、同じ絵本でも１００人いれば１００通りの味わいがあり、それが絵本の醍醐味でもあります。大人への読み聞かせで大切なのは、読み手がこのことを意識的にしろ無意識的にしろわかっていて、聞き手の感じ方を尊重する感覚をもっていることだと思います。

読み聞かされる喜びを感じたら、読み聞かせはもっとしたくなる。読み聞かせのしあわせな連鎖がたくさん起こりますように……。

おまえうまそうだな

ある　はれたひ、やまが　ふんかして、
アンキロサウルスの　あかちゃんが
うまれました。
「ヒヒヒヒ……おまえ　うまそうだな」
あかちゃんは、ティラノサウルスに　しがみつきました。
「おとうさーん！」

◎宮西達也［作・絵］
◎ポプラ社
◎2003年

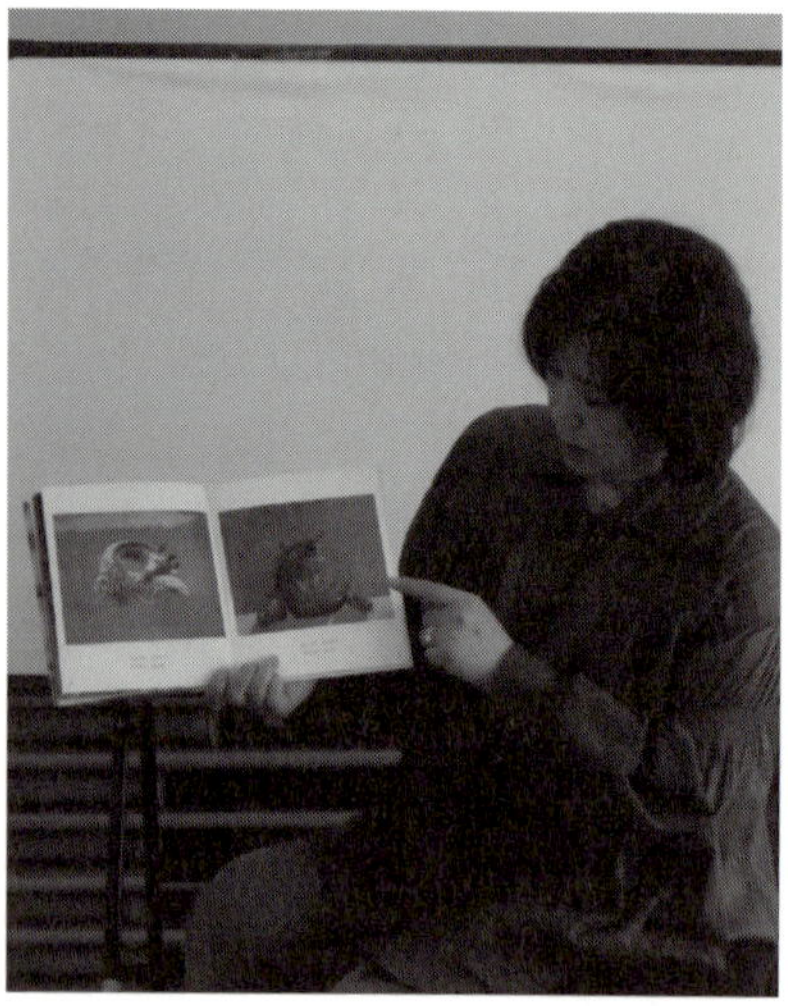

長年お話会に携わっていると、さまざまな絵本に出会います。そして、出会った絵本を通していろいろなことに気づかされたり、教えられたりすることがあります。『おまえうまそうだな』は、改めて私に「子どもを育てる」ということを気づかせてくれた1冊です。『おまえうまそうだな』は、肉食恐竜ティラノサウルスと、まだ幼い草食恐竜アンキロサウルスとが、勘違いから親子として暮らし始めるお話です。適度なユーモアを交えた、少し物悲しいお話は、よく見ると、とても愛嬌のある恐竜が描かれており、子どもたちには人気の絵本です。しかし私は、読めば読むほどに、是非おとなにも……と思うようになりました。

互いに相容れない者同士が互いを気遣いながら、慕いながら暮らす姿は、親子の関係だけではなく、子どもをとりまく環境までをも考えさせてくれます。ですから、子どもの視点ではなく、おとなの視点で見て、感じ取ってほしいと。

そして昨年の秋頃、その機会は訪れました。場所は、保健相談所で行われる、3カ月のあかちゃんをもつ親を対象とした「両親学級」。3カ月のあかちゃんとその親向けのお話会は、絵本以外にも、わらべ歌で遊んだりする楽しいお話会です。もちろん、お父さんの参加もあります。

『松谷みよ子　あかちゃんの本』では、自分たちも子どもの頃に読んでもらったのでしょうか？　あかちゃんに向かって「いない　いない　ばあ」をしている顔は、とても楽しそうです。このような和やかな雰囲気のなかで、これから読む『おまえ　うまそうだな』は、どのように感じ取ってもらえるのでしょう。

最初に見る表紙は、独特のタッチで描かれたティラノサウルス。タイトルとともに、ストーリーを想像させ、ページを開くと直ぐに登場する幼いアンキロサウルスは、これからの出来事への確信を強くさせ、少し会場を緊張させます。

しかし、アンキロサウスが、自分を食べよ

うと近づいてきたティラノサウルスを「おとうさん」と勘違いする場面の頃から、少しずつ緊張が解け始めます。それは、勘違いの理由が「おまえうまそうだな」の「うまそうだな」を「ウマソウだな?」と、名前を呼ばれたと思ってしまうアンキロサウルスの可笑しさと、その勘違いを受け入れてしまうティラノサウルスの人(?)の良さが、聞いている皆さんをほっとさせ、安心させるからでしょうか。

緊張感が解け、肉食恐竜と草食恐竜との親子のエピソードが、たたみかけるように心に入ってきます。他の肉食恐竜から、ウマソウを守り、怪我をするおとうさん。草を食べないおとうさんのために、木の実を遠くまで採りに行くウマソウ。しかし、おとうさんは常に悩んでいます。このままでいいのだろうか、と。でもウマソウは、強いおとうさんに憧れ、おとうさんのようになりたいと願います。

エピソードが重なるたびごとに、おとうさんに親近感が湧いてくるのを、感じることができます。ウマソウに、強くなるためいろいろなことを教える場面、一緒に暮らせないことを諭す場面、走り去っていくウマソウを見送る最後の場面。すべては、親が子どもを育て、自立させるために行うことです。

このときのウマソウは健気です。大好きなおとうさんと暮らせるなら、何でもしたい。何でもできる。子どもの思いそのものです。ウマソウの気持ちを思うと、心はゆれます。一緒に悩み、迷うのは、わが子のようにウマソウを思い、自分のことのようにティラノサウルスを思い始めているからでしょうか。

読み終えた後、会場は、しばらく静かでした。帰り際、お礼を言われました。「良いお話をありがとうございました。いろいろ考えさせられました」と。この絵本を紹介してよかった、と思える瞬間です。こちらこそ、ありがとう!

(山内悦子)

でんしゃにのって

◎とよた かずひこ［著］
◎アリス館
◎1997年

「ガタゴトー、ガタゴトー」

うららちゃんを乗せ、電車は走り出します。行き先は「ここだ」駅。おばあちゃんのところに1人で行くのです。

切符とお土産をしっかり握りしめたうららちゃん。そんなうららちゃんの姿が不安そうに見え、子どもたちの共感を呼ぶのでしょうか。ガタゴトー、ガタゴトー、電車の音が、少し心細く聞こえてきます。

電車が止まります。ドアが開き乗って来た乗客は、なんと、駅名と同じ動物たち。最初の「わにだ」では驚く子どもたちも、「くまだ」「ぞうだ」と続く頃にはすっかり緊張も解けて、次の駅名に思いを馳せ始めます。

子どもたちの期待を乗せて、乗客(?)たちとのほのぼのとしたエピソードを交えながら、電車は走ります。ガタゴトー、ガタゴトー。電車の音が楽しいリズムを刻み始め、心地よく思えてきた頃、電車は「ここだ」に到着です。

この絵本は是非、電車に乗っている気分で、ガタゴトー、ガタゴトーと左右に揺れながら読んでみてください。心地よい電車の響きが「ここだ」までの、そして、その先までの旅を楽しくしてくれます。気になる駅名がアナウスされたのですから……。

(山内悦子)

ちいさなくれよん

おれて　みじかくなった　きいろい　くれよんが、
くずかごから　とびだして
ひろい　そとへ　でていきました。
「なにか　ぼくの
やくに　たつことが、あるかもしれない」

◎篠塚かをり［作］
◎安井 淡［絵］
◎金の星社
◎1979年

私は、東陽子ども家庭支援センターで、月1回、お話会での読み聞かせをしています。東陽子ども家庭支援センターは、通称「みずべ」とよばれ、毎日たくさんの親子が遊びに来て、楽しんでいる広場です。

毎週金曜日の午後2時からは、大きな子のお話会があり、4人のメンバーが交代で担当しています。2歳から3歳くらいの子どもが中心で、お母さん方にもいっしょに参加してもらい、楽しんでいただいています。

お部屋に入るときは、真っ先にお友だちと一番前に並んで座る子がいるかと思うと、お母さんの膝の上でゆったりとお話を聞く子もいます。それまで広場で遊んでいたにぎやかさから気持ちを切り替え、お話の世界に入り込んでいる姿に、とても感動することがあります。

なかでも『ちいさなくれよん』を読んだときの子どもの反応は、私にとって忘れられない場面となりました。絵は、くれよんと水彩絵の具で描かれていて、温かみのあるタッチです。お話の内容は、「おれてみじかくなったきいろいくれよんが、くずかごのなかにすてられました」という文章で始まり、くずかごに捨てられたきいろいくれよんが、「ぼくはまだまだ、やくにたつんだ」と言って、外の世界に出かけていき、いろいろなものを塗っていくお話です。

洗ってほしてあるくつに描かれたひよこの絵、色あせたきいろい車のおもちゃ、道ばたの小石など、塗るたびに短くなっていくきいろいくれよんを、心配そうに見つめる子どもたち。でも、色を塗ってあげることで、きれいに変身していくそれらを見て、満足な様子のくれよんちゃんが、本のなかにいます。豆つぶみたいに小さくなるころには、辺りがすっかり暗くなり、お星さまをじっと見つめるくれよんちゃん。

そのなかで、今にも消えそうな光の弱いお星さまを見つけ、「ぼく、おほしさまをぬりにいこう」と、空に向かって飛んで行ったとき、1人の男の子が「行かないで！」と、叫んだのです。私は、胸がきゅんと詰まる思いがして、せつなくなりました。そこまでくれよんちゃんのことを大切に思ってくれているとは、何ていじらしいのだろうと感じずにはいられませんでした。

たしかに、絵本の表紙を見ると、空に向かって飛んでいくくれよんちゃんの絵が描かれていますが、そのような展開になるとは思っていなかったので、最後に星になってしまう結末は、子どもの心にもひびいたのではないでしょうか。

また、別な日に読んで読み終わったときに、1人の女の子が「どうもありがとう」と、神妙な面持ちで、ぽつりと言いました。きっといろいろな物を、次々にきれいにしてくれたくれよんちゃんに、感謝したのではないかと思います。小さくても誰かの役に立ちたいという思いは、子どもでも感じるものなのかと、愛おしく思いました。

子どもは、思ったこと感じたことをストレートに言葉に表してくれたり、顔の表情に表してくれるので、そのやりとりがとても楽しく、また、こちらが気づかないところもいろいろ教えてくれるのです。

そんな子どもたちを、そばで見ているお母さん方は、絵本の世界に入り込んでいるわが子を見て、「いつもと違う子どもの表情を客観的に見ることができる」と話されていました。お母さん方が一緒に参加することで、子どもたちも安心してお話の世界に浸れるし、お話の内容を共有できるのだと思います。

『ちいさなくれよん』が教えてくれたことは、物を大切にする心、自分をどう生かしていくかなど、大きなテーマだったのかもしれません。毎回、絵本選びに悩みながら、次はどんなお話を伝えようかと思いをめぐらせ、毎回きらきらした瞳で絵本を見つめる子どもたちを目の前にして、至福のひと時を過ごさせていただいています。

（高橋由美子）

あめのひのえんそく

◎間瀬なおかた［作・絵］
◎ひさかたチャイルド／チャイルド本社
◎2003年

子どもは、乗り物が大好き。さまざまな乗り物の絵本がありますが、間瀬なおたか先生の絵本は、すみずみまでとても丁寧に描かれていて、心憎い演出もあり、目を奪われてしまいます。

『あめのひのえんそく』は、雨が降っているなかを、バスに乗ってぶどう狩りの遠足に行くお話ですが、トンネルを抜けるたびに、山の景色がつぎつぎに変わり、美しい色彩で秋の山が描かれています。

そんな景色を子どもたちはじっと見つめながら、なかなかやまない雨に、「まだ、ふっているね」とか、「やまないね」と、心配そうにささやいています。他の乗り物もたくさん走っているなか、バスの動きを手で追っていく子もいます。素敵なことに、絵本の上部の角がカットされているので、海のそばを走るときには丸い地平線があらわれ、広い海が表現されているのです。

やっとぶどう山に着く頃には、すっかり雨もやみ、空には虹がかかっています。その虹にもしかけがあり、絵本上部の丸くカットされた部分を利用して、ページをめくるたびに色が重なり、虹の演出が現れるのです。絵本の裏表紙には、てるてるぼうずをもっている運転手さんがいて、ユーモアと優しさにあふれた絵本です。

（高橋由美子）

ちびゴリラのちびちび

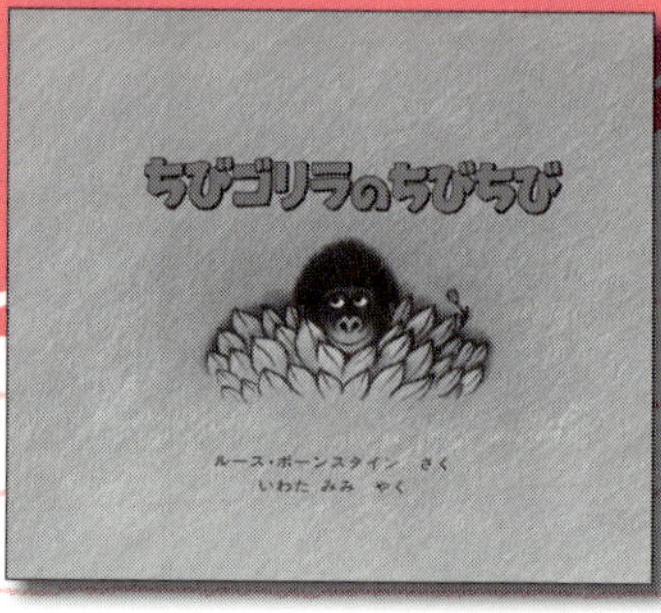

ちいさな　かわいいごりらが　いました。
みんな　ちびちびが　だいすきでした。
あるひ
なにかが　おこりました
ちびちびが
おおきくなりはじめたのです。

◎ルース・ボーンスタイン［作］
◎いわた みみ［訳］
◎ほるぷ出版
◎1978年

私は、保育園で行っている、小さな子育てひろばのスタッフをしています。毎月、会員になってくださった親子さんのお誕生月のお子さんをご招待して、ささやかな誕生日会を行っています。

ひろばを訪れている親子さんはもちろん、ひろばに隣接する4、5歳児の保育室からも子どもたちが駆けつけて、「♪たんたん　たんたん　たんじょうび～　○○ちゃんの○○ちゃんのたんじょうび～　おめでと～う‼」と、拍手とともに歌を歌ってお祝いします。ささやかな会ですが、そこに集う皆で、「おおきくなったね」「お母さんも今日までよくがんばったね」と、そんな思いをいっぱい込めた、温かいひとときをと思っています。

お祝いの後は、毎月お楽しみのお話のひと時をもちます。そんな場で読むお話選びで私が大切にしているのは、その月のお誕生者の月齢や年齢にあったもの、そして子どもへのお楽しみとともに、母親たちに向けてのメッセージを含んだもの。でも、絵本のもつメッセージは受け取り手によって自由に広がっていくから素敵です。

この『ちびゴリラのちびちび』も、繰り返し読むなかで、受け取り手としての私自身の変化によって、絵本から届くメッセージは多様なのだということを感じさせてくれた1冊でした。シンプルだけど、とびっきりあたたかくて、豊かなメッセージをもつ1冊。ひろばに通ってくる乳児年齢の親子さんにはぴったり！　と、毎年一度は読んでいます。

ゴリラを愛する作者、ルース・ボーンスタインの描くゴリラたちの絵は、こまかな表情や真っ黒で毛深いゴリラのどっしりとした体など、とてもリアルに描かれていますが、とても優しくて、愛情に溢れています。誕生日会では大型絵本を使って読みますが、大きなゴリラの絵に親子さん共々、ジャングルのなかにいるかのように惹き込まれていく空気を感じます。

ちびちびを見つめるお母さん、お父さん、おばあちゃん、おじいちゃん……。家族や大人たちの温かいまなざしのなかで、そして森のいろいろな動物たち（あのでっかいへびだって!?）の優しいかかわりのなかで、無邪気にのびのびと暮しているちびゴリラ「ちびちび」の姿が、とっても愛らしく描かれています。子どもが育つうえで、家族はもちろん、周囲のたくさんの見守りや支え、愛情が必要不可欠なことを、この絵本は暗に語っているようにも思います。

「そんなある日、なにかがおこりました」

「えっ、何!?　なにが起こったの～」と、読み手の親子の心配そうなまなざしが絵本に注がれます。でも、次の「ちびちびがおおきくなりはじめたのです」という言葉をきいて、「な～んだ、そんなことか」と、ちょっと一安心。でも、「どんどん（ペラ）　どんどん　どんどん　おおきくなって　とうとう……（ペラ）」。ページをめくるごとにまたまた注がれる親子の期待のまなざし。

そして、「こんなにおおきくなりました」。すっかり体は大きな一人前のゴリラ（大型絵本の見開き2ページにわたる大きなゴリラの絵）に成長したちびちびの姿に、親子たちは大喜びです！

でも、何気ないこのストーリーに、母親になった私が感じたメッセージ……。作者が一大事として描いた〝大きくなる〟ということの意味深さ。かわいさ、幼さだけでなんでも許せた赤ちゃん時代から、日に日に〝自分〟が芽生えてくる子ども時代、そして思春期、成人へと続く子育て。大きくなっていく子どもたちのありのままの姿や思いを認め、受け止めることは簡単なことではありません。でも、〝ちびゴリラじゃなくなっても「ちびちび」は「ちびちび」〟

——「みんなは　いまでも　ちびちびが　だいすきです」——

終わりのこのひと文に、いつまでも変わらない深い愛情を感じ、心が温かくなります。

（安松朋子）

くるりんぱ① だーれ？

◎マルタン［文・絵］
◎フレーベル館
◎2004年

子どもたちにはクイズ形式で楽しく、お母さんたちにもメッセージを込めて読んでいる絵本です。

この本には、最初に作者からのメッセージがストレートに伝えられています。

「もののみかたはひとつじゃないよ！」

良いこと悪いことのものさし、大人の価値観で子どもの姿を見てしまうと、「どうしてうちの子は」と不安になったりイライラしたり……。そんなとき、「くるりんぱ！」と、見方を変えてみること、気持ちを切り替えていくことって、子育てのなかでとても大事なことのような気がします。

小さな子どもたちが見せる、こだわりや気持ちにまっすぐな行動。おもしろがって見てみると、「よくぞここまで！？」と感心したり、とびきり愛おしく思えてきませんか？

同じ絵を見ていても、目の付け所で「ペンギン」に先に気づく子、「馬」に先に気づく子と、いろいろなのがおもしろいなあと思います。表されていない動物まで見えてくる子もいて、園児も寄ってきて大騒ぎで盛り上がる１冊です。

（安松朋子）

ふうせんくまくん

ふうせんくまくんは、
なんにもなければ
ふつうの　くまです。
でも、びっくりすると
ふうせんみたいにぷくーっとふくらんで、
ぱーんとわれてしまいます。

◎あきやま ただし［作・絵］
◎金の星社
◎2000年

　お話し会で『ふうせんくまくん』の絵本を読んだときのことでした。お話し会が終わり、子どもたちはそれぞれ借りていく本を選び、その後、いつものように楽しく遊び始めました。しばらくすると5歳の男の子が3年生のお姉ちゃんと口喧嘩をはじめました。

　お姉ちゃんにやり込められてしまった男の子は大きな声で泣きながら、お母さんの膝に飛び込んできました。お母さんが「どうしたの？」と聞くと、男の子は「悲しいときは、お母さんに抱っこしてもらうと治るのです」と言いながらしゃくりあげています。ふうせんくまくんのバージョンを使い、悔しい気持ちを乗り越えようとしているのです。

　私が「すごーく腹が立ったときは？……コップにいっぱい……のお水をもってきてあげましょうか」と言うと、憮然とした顔で、「いい！（結構です）」と言いました。

　お母さんはニコニコしながら小さな息子の背中をいとおしそうになでていました。しばらくすると男の子は「お姉ちゃーん」と、遊びに戻っていきました。

　このようなときはお母さんでなければいけないのです。他人の介入は、かえって子どもの心を意固地にさせてしまうこともあるのですね。子どもはいつも真剣なのです。軽いノリで介入してしまったことを反省しました。

　そのとき、図書室には大勢の子どもたちがいました。でもその子は、仲良しの友だちと遊ぼうとお母さんの膝から出ていったのではありません。お姉ちゃんのもとに帰っていったのです。1冊の絵本を即座に活用し、気持ちのコントロールをしてしまう。子どもの応用力と絵本の力に驚かされました。

　この子のお母さんは、母と子の図書室に通い始めたばかりの頃は、いたずら盛りの3人の子どもに手こずり、真剣に悩んでいました。誠実で前向きでこよなくわが子を愛している態度は、痛々しいほどでした。この兄弟は、お母さんの心労などどこ吹く風と気にもせず、自分の意見はどこまでも主張する元気のよすぎる子どもらしい子どもたちでした。

その後、お母さんは、お話し会のスタッフとして「紙芝居」「語り」「読み聞かせ」、そして、「対話的ブックトーク」を担当してくださるようになりました。

「対話的ブックトーク」という名称は耳慣れないと思いますが、絵本を媒介とし、子どもたちと話し合うブックコミュニケーションです。子どもたちの聞く力と考える力と話す力の育みをめざして、刈谷市では30年ほど前から幼稚園や学校で実践されています。

お母さんはお話し会を手伝ってくださるうちに、子どもとの接し方がだんだん上手になっていきました。ゆったりと子どもの主張を聞くゆとりができ、子どもたちもお母さんが最後まで自分の主張に耳を傾けてくれる姿に、自分の考えを冷静に伝える話し方を身につけていったように見えました。

母と子の図書室は友だちがいっぱいいて、いろいろな絵本があって、お話し会があって、また来たくなる楽しい図書室をめざしている子ども専門図書室です。母と子の図書室には静かにしなければいけないというルールはありません。あるのは怪我をしないように気をつけること。絵本をおもちゃ代わりにして遊ばないこと。それだけです。

母と子の図書室は、このようなホットなエピソードに溢れています。子どもたちが純粋な心と頭で受け取っていく、絵本のなかに詰まっている宝物は、確かな知識や豊かな知恵に裏打ちされたものばかりです。それらはお母さんやお話し会のおばちゃんの手によって子どもの心に届けられ、ほんとうの賢さとなって身体に蓄積されていきます。子どもたちが大人になり親になったとき、深い人間愛に満ちた物語を自分が受けたように、わが子に読み聞かせてほしいと願って運営されています。

（清水美智子）

ぼくもいれて

◎ジャネット・トーマス［文］
◎アリソン・バートレット［絵］
◎山口文生［訳］
◎評論社
◎2004年

キャスパーは、いつもスージーと仲良く遊んでいます。でも、ミリーが来ると「おにごっこしましょ」と言って、スージーを連れていってしまいます。キャスパーは「ぼくもいれて」と頼むのですが、「鬼ごっこは２人でするの」と、入れてくれません。

この絵本を読み終わったとき、１人の男の子が「ミリーはほんとうに鬼ごっこは２人でするものだと思っていたんだね」と言いました。「どうしてそう思ったの？」と聞くと、「だって、公園でみんなが鬼ごっこをしているのを見たとき、びっくりした目をしてたもん」と言いました。「あら、ほんと。よく見てたわね。ミリーは意地悪で言っているんじゃないのね」と言うと、とても嬉しそうな顔で、「うん」と言いました。

子どもはほんとうによく絵を読んでいるのですね。子どもは大人が思っているよりはるかに理解力をもっています。こどもの解る力を侮ってはいけないと、つくづく思い知らされました。

乳幼児期からたくさんの絵本に出会わせてあげたいと思います。私たち大人は、宝物の詰まった箱の蓋を開ける鍵を手にしているのです。絵本のなかに詰め込まれた宝物を、子どもに届けてあげるのは大人の仕事です。　（清水美智子）

Column

おとなの「センス・オブ・ワンダー」を呼び起こす写真絵本

子育て支援者として親として、大切にしている言葉があります。アメリカの生物学者レイチェル・カーソンの「センス・オブ・ワンダー」という言葉で、「神秘さや不思議さに目をみはる感性」を意味しています。

> 　妖精の力にたよらないで、生まれつきそなわっている子どもの「センス・オブ・ワンダー」をいつも新鮮にたもちつづけるためには、わたしたちが住んでいる世界のよろこび、感激、神秘などを子どもといっしょに再発見し、感動を分かち合ってくれる大人が、すくなくともひとり、そばにいる必要があります。
>
> 　わたしは、子どもにとっても、どのようにして子どもを教育すべきか頭をなやませている親にとっても、「知る」ことは「感じる」ことの半分も重要ではないと固く信じています。
>
> （レイチェル・カーソン　上遠恵子訳「センス・オブ・ワンダー」新潮社　1996）

どんな都会にも虫もいれば鳥もいて、生き物たちのドラマがあります。けれども、慌ただしい毎日のなかで錆びついてしまったおとなたちのセンス・オブ・ワンダーは、なかなか反応しません。道端で子どもが小さなドラマを発見して「ねえ、見て！」と感動の声をあげても、「わあ、すごいねぇ」「へー！　そんなの見つけたんだ」と、心から感じて反応するのは難しいのです。

　そんなおとなたちにぜひお薦めしたいのが、良質の写真絵本です。自然のドラマの核心部分を、選び抜かれた写真で伝えてくれます。

　私自身を振り返ると、センス・オブ・ワンダーは思春期の「虫って気持ち悪い……」という漠然とした感覚から加速度的に錆びついていったように思います。けれども、20代のあるとき、写真絵本に載っていたアゲハチョウの脱皮に目が釘付けに……。小さなさなぎに器用に折りたたまれた羽根が、時間をかけて広がり飛び立っていくさまに、生命の神秘を深く深く感じた瞬間でした。気がつけば翌年には、敬遠の極致にいたうごめく物体（＝青虫）を飼育し、羽化の瞬間を見ようとやっきになったのには、自分も家族も驚きました。

　こうして感覚の扉が開くと、町中の自然が少しずつ目に入ってくるようになります。昨日は八百屋さんの裏に、30㎝以上のサツマイモの葉を発見して大喜び！

　保護者向けの絵本の講習会で写真絵本を読むと、おとなたちがドラマを感じて目を輝かせる瞬間に出会います。そこらへんにある葉っぱの葉脈はデザインチックで美しいことに気づかせてくれる拡大写真、オタマジャクシがカエルになるまでの連続写真（しっぽがひっこんでいく様子がかわいい）。会場からは「へーっ！」「知らなった……」と子どものような声。センス・オブ・ワンダーは錆びついているだけで、確実にみんなのなかにあるんだよね……と、うれしくなる瞬間です。

　子どもたちのためにも、そしておとな自身が心豊かな毎日を送るためにも、おとなたちのセンス・オブ・ワンダーをくすぐり続けていきたいと思います。

（瀬川未佳）

『あげはのへんしん　しぜんにタッチ！』
（榎本功／ひさかたチャイルド／2012）

Column

すてきな子育て　すてきな読み聞かせ

自分のもっていたイメージが、実際と異なって戸惑うことはよくあることだと思います。新米ママにとって、子育てもその1つかもしれません。

雑誌に載っているママたちは、おしゃれできれい。子どもとの生活を楽しんでいて、それでいて自分のメイクや趣味も手を抜かず、時には夫とのデートも楽しんで……。そんな「すてきな子育て」のイメージが、雑誌やネットにあふれています。

けれども、実際に子どもを育ててみるとイメージとは大違い！　子どもはかわいいけれど、自分の時間はまったくもてず、子育ては思う通りにいかず、体力的に疲れても母親業は年中無休……。そこでつらいと感じるのは当然なのですが、無意識にもっていた「すてきな子育て」のイメージが強いからこそ、余計につらく感じられたり、すてきにできないのは自分だけ？　という焦りが募ってしまうのです。

同じように、読み聞かせにも「すてきな読み聞かせ」のイメージがあり、戸惑いの元になっているように思います。

以前見たドラマの1シーンでは、2歳くらいの子どもが、おぎょうぎよく静かにベッドに寝ていて、母親はほほえみをたたえながら絵本を読んでいました。読み終えると「はい、おしまい」「ママ、おやすみなさい」。電気をパチン。読み聞かせの最中にもぞもぞすることも、しゃべることも、「もう1回！」もなく、なんとも静かでたおやかな時間が流れていました。これは読み聞かせの言葉のもつすてきなイメージを具体化したもののように思います。

でも、実際にはどうでしょう。1歳くらいの子に絵本を読んでいると、まだ読み終わらないのにページを勝手にめくったり、体を動かす（たとえばうさぎがでてくると、うさぎのまねをする）ことがよくあります。2〜3歳くらいだと、話の本筋とは関係ないところを指さしてあーだこーだと言ったり、絵本に出てきた消防車に触発されて「この前、みた！」と、ぺちゃくちゃお話がはじまったり……。「すてきな読み聞かせ」のイメージとは大違い。その様子に「うちの子はきちんと聞かない」とげんなりして、読み聞かせを敬遠してしまっているお母さんが、実は多いように思います。

でも、本当はそれらすべてが絵本を楽しんでいる証拠！　ページをめくるのは指先の動きが発達してきたから、あるいは絵が変わること自体を楽しめるようになったから。出てきたものをまねるのは、自分の知っているものが出てきた喜びの表現。そして言葉が豊富になってきたからこそ、絵を読み込んだときの自分の発見を、大好きな読み手（親）に今すぐ伝えたくなるのです（もう少し年齢があがると、絵本の終わりまでもちこたえられるようになります）。

子どもはその時期なりの絵本の楽しみ方を、おとなより知っています。

「すてきなイメージ」に縛られる必要がないことは、誰かに言われないと気づきにくいことです。子育てや読み聞かせの楽しさを知っている皆さんの声で、ぜひ折に触れて伝えていってほしいと願っています。

（瀬川未佳）

おべんとうバス

バスに　のってください
ハンバーグくーん
はーい
えびフライちゃん
はーい
たまごやきさーん

◎真珠まりこ［作・絵］
◎ひさかたチャイルド
◎2006年

★対象：０～２歳児中心、３～５歳児と大人も混在している状況で。
★読み聞かせした場所：全国の保育園、子育て支援講習会。

今回ご紹介する『おべんとうバス』は、当時担当編集者として携わっていた絵本だけに、特別な思い入れもたくさんある作品です。現在、絵本の作り手というだけでなく、全国を回り、さまざまな年齢の人々を対象に絵本を読む経験をさせていただいております。ここでは実際にあった子どもたちの反応、様子を中心にレポートします。

まずは表紙。表紙にはお話の主役であるおべんとうの中味たちと真っ赤なバス。タイトルをよみながら、「真っ赤なバスがおべんとうバス！」と指で示しながら、「いろんなおいしい食べものさんがやってくるよ」と声をかけ、絵を見せます。子どもはじっと表紙の食べものたちのなかから自分の好きなものや気になるものを見つけて、じっと見つめています。このちょっとした時間は実はとても大切な間、です。

このとき、子どもは絵本の〝絵を読んでいる〟のです。そこにある絵を読み想像する時間、１人ひとりがイメージを膨らませる間を大切にすることが、子どもと絵本を読むときの大事なポイントだと感じています。

さて、いよいよ最初のページをゆっくりとめくります。最初のページには、まだ誰も乗っていない真っ赤なバス。最初のひとこと、「バスにのってください」ということばを子どもたちに呼びかけるように読みます。子どもたちの顔をゆっくり眺めながら、もう一度繰り返すこともあります。期待に満ちた眼差しが返ってきます。

次のページをめくると、にこにこのハンバーグくん。「ハンバーグくーん」と呼びかけ、続けて「はーい」と元気よく文章を読みます。するとどうでしょう、ほとんどの場合、ここで必ず数人の子どもが手をあげながら返事をします。

続いて登場するのはえびフライちゃん。「えびフライちゃーん」と読んだ後に子どもたちに目を向けると、「はーい」と、今度はたくさんの子が手をあげながら元気よく返事をします。もう、絵本にひとつのリズムが生まれ、子どもたちが繰り返しの心地よさを感じ取り、絵本との遊びを楽しみ始めています。

ここが低年齢では特に大切なポイントです。絵本は読み聞かせるのではなく、子どもといっしょに読み、楽しむもの、ともに読み合わせるのだと感じています。最後におくれてきたみかんちゃんが登場、無事バスにのりこむと、もう満足そうなうれしそうな眼差しの子どもたちでいっぱいに。走り出したバスが最後にバス型のおべんとう箱に変身。おいしそうなおべんとうが現れると、子どもたちからおべんとうを食べたいという気持ちがものすごく伝わってきます。そこでいつも「どうぞ、おひとつ召しあがれ」と、絵本のおべんとうを食べるごっこ遊びをやります。すると、そこでまたすてきなできごとが。ハンバーグやおにぎりは5本指でわしづかみ、プチトマトやえびフライのしっぽをもつ子どもは2本指でつまむ、というごっこ遊びを始めます。これもまさに子どもが絵を読み、遊びのなかで絵を読みわけ、取りわけているということです。

〝読み聞かせる〟ということばを、一度よく考えてみてください。言葉には言霊があり、良かれ悪かれ無意識のうちにその言霊に支配されて生きています。おとなと子どもが絵本を楽しむのは〝読み聞かせる〟のではなく、子どもといっしょに〝絵本で遊ぶ〟という意識でいることが大切ではないでしょうか？「おべんとうバス」はいつもそれを感じさせてくれる絵本です。

（高崎 真）

おでんのゆ

◎真珠まりこ［作・絵］
◎ひさかたチャイルド
◎2008年

この絵本は、右でご紹介した『おべんとうバス』の姉妹編にあたる作品です。

そのタイトルからイメージできるとおり、おでんの具たちが次々にやってきて〝おでんの　ゆ〟に入ります。ゆっくり入るのが好きなだいこんさんおもわずドボンと飛び込むじゃがいもさん……。まさに子どもの気持ちそのままです。

次々にいろんな具たちがやってきて、最後にはんぺんくんが入ったら、「ほかほかおふろは　いいきもち　ああ　いいゆだな」。この文章で読み手も思わず歌いたくなる気持ちになります。

さあ、みんながそろったところでお決まりの遊びが。そうです、みんなで数を数えるのです。お湯にしっかり浸かって「いーち、にー、さーん、しー、ごー、……もう　いいかい？　もう　いいよー」

ページをめくると、ほかほかおでんのできあがりです！　さあ、おいしくいただきまーす！「おべんとうバス」と同様に、ごっこ遊びをして楽しみます。

さらに絵本をより楽しむ、よりおいしく味わうには、絵本をよむタイミングを工夫するとよいでしょう。食事の前後、お風呂に入る前などグッドタイミングであれば、さらに味がよくなること請け合いです。ぜひ一度、お味見を。（高崎 真）

あぶくたった
わらべうたえほん

あーぶくたった　にえたった
にえたかどうだか　たべてみよう
おなじみのわらべうた
おおきなお鍋に小豆を入れて
こと　こと　こと　こと　にえたかな～？

◎さいとう しのぶ［構成・絵］
◎ひさかたチャイルド
◎2009年

絵本や人形をもって、保育園・幼稚園の親子あそびや、赤ちゃんを連れたお母さんたちが集まる子育て支援センターに出前あそびに伺っています。

A保育園の親子あそびに伺ったのは、地域の方も一緒の親子あそびの会が開かれた日でした。土曜日の午前中でしたので、生後2カ月の赤ちゃんから小学校3年生の卒園児・保育園児がホールに集まりました。年に数回遊びに伺っているので、子どもたちは私のことを覚えていて、「くーさん　今日も絵本もってきたー」と声をかけてくれる子どももいて、「今日は何の遊びをするのかな?」と、目を輝かせて私の周りに集まってきてくれました。

わらべうた『いもむし　ごろごろ』『でこちゃん　はなちゃん』『ここは　てっくび』で遊んだあと、「今どんな遊びしてるの?」と子どもたちに聞いてみると、「あぶくたった」と元気な声が返ってきました。「そう、じゃあ、今日は絵本であぶくたったをしましょう」と、『あぶくたった』の絵本を出して、表紙を見せました。

昔懐かしいアルミのお鍋にいっぱい入った小豆から、ほわ　ほわ　ほわ　ほわ　と湯気がたっていて、ユーモラスなねずみのかあさんが木のお玉でかき混ぜている絵を見て、子どもも大人も自然に顔がほころび始めました。表紙をめくり、「ねずみの　かあさん　うたいます」と読み始めると同時に、「あーぶくたった～」と歌いはじめる声が聞こえましたが、「おいしく　なあれと　うたいます」の私の語りを聞いてから、「あぶくたった　にえたった　にえたか　どうだか　たべてみよう」と、一緒に歌い始めました。

ここは「むしゃ　むしゃ　むしゃ」の歌に合わせてさっとめくります。お鍋のふたを開けて湯気が立ち昇っているこのページで、「まだにえない」と歌うと、「あそこで　見てるよ」と教えてくれる子がいました。こねずみが3匹のぞいているのをちゃんと見つけていました。「ほんと。見てるね」とことばをかけて、次のページをめくります。「こねず

みさんびき　やってきて」の歌の前の語りは、こんどはじっと聞いて待っていてくれました。「あぶくたった　にえたった」。ネズミのかあさんを先頭に木のお玉を片手に小豆の入ったお鍋の周りを歌いながら歩く絵を見ていると、お母さんの膝の上で、赤ちゃんも身体でリズムをとり、おかあさんの歌声にあわせて身体を揺らしています。よちよち歩きの男の子は、お母さんの膝から立って、体中でリズムをとりながら歩きはじめました。みんな知っているわらべうたのことばのリズムとメロディーは不思議な世界にホールの親子を巻き込んでくれています。

次のページの「むしゃ　むしゃ　むしゃ　まだ　にえない」では、こねずみ3匹が、かわいい木のお玉で味見をしています。見ている子どもたちのなかには、両手を前に出して「むしゃ　むしゃ」のしぐさをしている子もいます。「とうさん　ねずみも　やってきて」とネズミの家族が加わっていきます。このあたりから、もうわらべうたのあそびが絵本とフロアーの親子の間で楽しんでいるようで、「むしゃ　むしゃ　まだ　にえない」のフレーズがリズムよく繰り返されて、気持ちはすっかり遊んでいる気分です。

じいちゃんねずみもやってきて、「もうにえた！」の場面では、ネズミの家族のうれしそうな顔とおんなじ顔で子どもたちが絵本を見つめていました。最後にばあちゃんねずみがおもちをいれると、美味しそうなお汁粉ができ上がり、子どもたちにもどうぞと、絵本をもって近づき、食べる真似をして遊びました。「おしまい」と絵本を閉じると、「もう1回」のアンコールの要望にこたえて、2回読んで終わりました。月齢の小さいお子さんは、お母さんの声を聞き、心地よいことばのリズムを身体で感じているようでした。読み手の私もとても心地よい時間を共有することができて幸せなひとときでした。（久津摩英子）

ぞうのボタン

◎うえの のりこ［作］
◎冨山房
◎1975年

中型の四角型の絵本で、表紙におおきなぞうが１頭かかれていて、四隅が赤くなっています。絵は黒のコンテかエンピツで描かれていて、色彩があるのは表紙の四隅の三角の赤と裏表紙の赤だけですが、画面のぞうがとてもかわいらしい。ことばがないので、読み聞かせる子どもたちの年齢に合わせてことばを替えられるので楽しい。表紙に描かれているぞうは、「よろしくね」とご挨拶をしているように鼻先を動かし、そのお茶目な目が、「どんなお話かな？」と、見ている者の心をひきつけます。めくって現れるぞうは、「ねぇ　ボタン　はずしてくれる？」と甘えているようにも見えます。

ぞうのおなかについているボタンをはずすとなんとうまが出てくるありえない展開に、どんどん絵本のなかに引き込まれていきます。うまかららいおん、そしてあざらしと次々に動物たちが現れて、最後にちいさなねずみのボタンをはずすと、なんとぞうが出てきます。この展開にはこどもだけでなく、大人も楽しめます。子どもたちの反応に合わせてアドリブをつけたり、「アザラシのボタンが、こうなった！」と手を上に伸ばして下に降ろすのを受けて、「ボタンの位置が縦になりましたね」と答えたり、読み取る相手によって変わるのも魅力の１冊です。

（久津摩英子）

あなたがだいすき

わたしは　あなたが
だいすきです
せかいで　いちばん
あなたが　だいじ
あさも　ひるも　よるも
あなたと　いっしょ

◎鈴木まもる［著］
◎ポプラ社
◎2002年

月に一度の自閉症療育者勉強会に、コッコちゃんは、ママのおなかにいるときから参加してくれていました。生まれてすぐから、メンバーにとって一番の先生でした。だって、赤ちゃんがどんなふうに育っていくかを、いのちぜんぶで教えてくれるから。

コッコちゃんは、ハイハイのときから、この絵本がお気に入りでした。コッコちゃんはてさげ袋に、絵本とボールとお人形をいれてやってきました。てさげのなかから絵本を取り出すと、かか（母）かしぇんしぇえ（先生）に絵本をわたして、「よんで」と〝えんと〟します。かかは、「コッコちゃんが　だいすき」と、あなたのかわりにコッコちゃんの名前をいれて読みます。コッコちゃんは、自分の鼻にゆびをあてて、「コッコちゃんは、あたし。知ってるよ」ってお顔をしています。いっぱいいっぱいいっぱい読んでもらっているんだね。

かかがページをめくろうとすると、コッコちゃんは「あたしが」ってやってきて、いっぺんに何ページもめくって満足顔。かかがページを戻すと、コッコちゃんは、もう1回ページをめくろうとします。かかは、「じゅんばん」っていって、本を上にあげ、悲しい顔。コッコちゃんは一生懸命に背伸びをして絵本をとろうとします。かかはこうさんして、しぇんしぇえに絵本をパス。しぇんしぇえは、コッコちゃんがめくったページを何度でも読みます。

「コッコちゃんが　だいすき」

かかに抱っこしてもらって、コッコちゃんはニッコニコ♪

かかの温度を感じ、かかの胸に顔を寄せ、かかと目を合わせてニッコリしています。赤ちゃんとのコミュニケーションには、どんな声で、どんなトーンで、どんな表情で伝えるかが、言葉の意味よりずっと大事。かかの安心が、コッコちゃんには一番大事。

かかは、こっそり先生に、「いうこときかなくって……どうしたらいいのかわからない」ってこと、話してくれました。ほかの子と違っていることや、検診でいわれて心配なことが、あとからあとからあふれてきました。先生は、かかにも絵本を読んであげました。

「かかが　かなしいときは　だきしめてあげる」

かかの目からひとすじの涙。

「かかが　ないたら　なみだをなめてあげる」

もひとつはらり。

読み終わるとかかは、やわらかい笑顔を取りもどし、コッコちゃんをギュッとしました。

ママへの〝あったか〟なサポートは、次の

〝あったか〟につながっていきます。ママ業を通して、赤ちゃんや子どもの親へと、そして、ケア提供者へと育っていくのだなと思います。先生ももらった〝あったか〟のバトン。出会ったママに、渡していけたら素敵だなって思います。

「いくつ?」ってきかれて、もみじみたいなおてての、ちっちゃなゆびを1本だけ立てられるようになった頃、コッコちゃんは、絵本のページを1枚ずつめくれるようになりました。そうして、かかも、お母さん2年生になりました。

「あとからふりかえってみると、コッコちゃんは、とても健やかに成長していたことがわかる。それでも、あんなに心配だったのだから、自閉症児のママたちは、子どもとの一体感を感じにくかったり……つらいんだろうな」

一瞬かかは、療育者の顔になりました。

今では、子どもの育ちに一喜一憂する母親の気持ちを、頭だけじゃなく心と身体で感じることができる、素敵なママになりました。きっと、自閉症児といきるママたちのイタミがわかる、素敵な療育者にもなってくれるでしょう。

ところで、もうすぐ2歳のお誕生日を迎えるコッコちゃんは、勉強会のお部屋で、すっかり先生役がいたについてきました。イスを並べて、かかやしぇんしぇえ、他のメンバーを座らせて、すっかり覚えてしまった絵本を、まるで本当に字が読めるようにきかせてくれます。

かかそっくりの声まねで、「かかが　だあいすき」「かかが　いるだけで　コッコちゃんは　しあわせ」。

「はい　おしまい」

（角田みすゞ）

わすれられないおくりもの

◎スーザン・バーレイ［作・絵］
◎小川仁央［訳］
◎評論社
◎1986年

とっても大切な人に、どんなふうに接して、その人のなかに何を育ててあげるのか。はなれて、その人の姿がみえなくなったときにも、どんなふうに思い出して暮らしていけるのか。目にはみえないけれど、とっても大切なおくりものの伝え方、育て方を教えてくれる絵本です。

子育て中のママたちは、わが子のすこやかな成長と、いつの日かくるひとりだちを祈りながらも、保育園や幼稚園で、はじめての小さな別れのときでさえ、わが子の涙やしがみつく小さな手に、胸がはりさける思いをいだきます。もちろん、子どもたちも。

お別れが１つのテーマであるこの物語は、読む人にいろいろなことを気づかせてくれます。時間が解決してくれること。そのためにしておくとよいたくさんの知恵について。ただそばにいること、耳を傾けること、見守ること、一緒にすることの大切さ。そして、１人ひとりのよいところ・とくいなことを助けてあげる意味も。

そして、大切な人からもらったものを、目には見えない、手には届かないはなれたところにいるときに、どんな風に思い出して、どんな風に生きていったらいいのか、教えてくれます。

だいすきで大切なあなたへのおくりもの。どうぞ。　（角田みすゞ）

しょうぼうじどうしゃ じぷた

じぷたは、ふるい　ジープを　かいりょうした
ちびっこ　しょうぼうしゃです。
まちの　こどもたちも　だあれも
じぷたのことなんか　きにかけません。
じぷたは　なんだか　かなしくなりました。

◎渡辺茂男［作］
◎山本忠敬［絵］
◎福音館書店
◎1966年

わが家の末っ子が3歳になって、自閉症の診断をもらった頃のこと。いつの頃からだったか、療育センターのカンガルー教室で出会った母さんたちと、お互いの家にいったりきたりするようになり、いつの間にか、カンガルー教室に通う子のきょうだいも、一緒に過ごすようになって、まるで大家族のきょうだいのようになっていきました。普段の生活のなかで、なかなか主人公になれないきょうだいにとっては、たくさんのおとながいるときは、自分の母さん以外の誰かに遊んでもらう大チャンスの日でもありました。

わが家の本棚には、ちょうど子どもの目の高さに、絵本の背表紙が見えるようにたくさんの絵本が並んでいて、オレンジの背表紙の『しょうぼうじどうしゃ じぷた』は、わが家の末っ子のお気に入り。夜の本読みタイムにも欠かせない1冊で、自分が本を読んでもらう順番じゃないときでも、必ず本棚から出して、ふとんに運んでいたくらい！「ぼくはこの本をよんでほしい」って、きっとおはなしできたら言っていたんだよね。わかるよー。

そのくらい大好きな本だったから、お兄ちゃんが『しょうぼうじどうしゃ じぷた』を選んだときも、「ねんねのとき以外にも読んでもらえるなんて最高の幸せ♪」という顔をして、読んでくれる人のひざの上にすわっています。みんなも、まるでおしくらまんじゅうみたいに、自分のおしりを落ち着かせるための陣取りが始まります。お姉ちゃんのとなりにピタッとくっついて座る子、子ども用のイスをもってくる子、立ったままの子、もう1つのあいているおひざに座る子。

最初のページをめくると、すぐに「ぷーぷーぷー」と、クライマックスの〝じぷた〟の出動音をまねする子。「よく知ってるね」「〝じぷた〟よむよ」と応じます。次のページをめくると、正面から描いた、魅力的なはしご車や高圧車、救急車の勇姿。監視塔のおじさんをチラッと目で追い、まるで「ほら見つけたよ」って言っているよう。「ほんとだ、消防士さんいたね」。目があった一瞬にニッコリをおくります。

お気に入りの場面だけ、トットコトッとやってきて近くでじっくり見る子、「ちゃーんときいていたんだよね」。めくったページを元に戻して、もう一度見たがる子、「その絵が好きなんだねー」。

お気に入りの場面が嬉しくて、おしりを左右にふる子。読んでいる母さんも、見守っている母さんたちも嬉しくなる瞬間。本人にも、きょうだいにも、たっぷりの時間をとってあげられる。お互いを知り合ったママグループのいいところ。

末っ子と仲間たちにとって、〝しょうぼうじどうしゃ　じぷた〟の大活躍は、まるで自分がヒーロー〝じぷた〟になった感覚なのかな。しょちょうさんが、「よし、じぷただ。たのむぞ！」っていうところが好き。「小っこいままで大成功‼　それにワクワクしたんだよなー」って。小さい頃好きだった〝じぷた〟のこと、そんな風に感じていたんだね。みんなとちょっと違う弟やその家族としてのボクを生きてきて、高校生になったお兄ちゃんが、教えてくれました。

もちろん、母さんたちにとっても〝じぷた〟の大活躍は、わが子の未来の姿に感じたものです。小さくたってそのままでいい、そのままだから活躍できる。1人で読むと涙がほろり。みんなで読むと笑顔がぽろり。

絵本は、話し言葉を超えて、子どもたちとのコミュニケーションを助けてくれます。言葉が出ない子どもたちにも、豊かな対話の時間をつくってくれます。過去に伝えきれなかった気持ちを教えてくれます。未来や希望を与えてくれます。

ふと……「みんなちがって、みんないい」。金子みすゞの言の葉が耳にきこえてきます。まだ共通言語のないこの子たちに、それを絵でみせてくれて、〝しょうぼうじどうしゃ　じぷた〟ありがとう♪

（角田みすゞ）

きかんしゃやえもん

◎阿川弘之［文］
◎岡部冬彦［絵］
◎岩波書店
◎改版1959年

子どもが絵本を選ぶとき、表紙の絵や図、色、形……、その子独特の視線で選んでいます。その力はあなどれません。のりものが好きな子、どうぶつが好きな子、四角が好きな子、丸が好きな子、耳からきこえる音やリズム、目からはいる色や形、その変化が好きな子。

子どもの選択の変化は、子どもの成長を感じられるチャンス！　今度の絵本は、何を手がかりにしたのかな……。そんなナゾときも楽しい♪

４歳のとき、次男が手にしたこの本は、機関車というのりものと、わかくさいろの装丁と、擬音のリズムが決め手だったと思います。４歳の子どもには、ちょっと早い、ちょっとムズカシイお話。次男が１人で読むと、絵をみておしまい。そうだよね。じっくり聞けない時期の苦肉の策。ストーリーを頭に入れて、本人がページをめくるスピードに合わせて、忘れちゃいけないセリフをよみます。とばすと、私の口を手でこじ開けてせがみます。だからすぐわかる！　「ぷっすん、ぷっすん」「しゃくだ、しゃくだ」。これだよね。

母はストーリーにひかれます。やえもんにとっても、まちの人たちにとっても一番の場所がみつかって、心底ホッとします。子どもが選ぶ絵本とおとなの選ぶ絵本って、ちがうね。　（角田みすゞ）

あかがいちばん

おかあさんったら
あかのこと、
なんにも　わかってないんだよ。
わたしは　あかい　くつしたが
いちばん　すき。
なのに　おかあさんは
「こっちの　くつしたに　しなさい」っていうの。

◎キャシー・スティンスン［文］
ロビン・ベアード・ルイス［絵］
◎ふしみ みさを［訳］
◎ほるぷ出版
◎2005年

絵本でコーチング

わたしは、ビジネスで使用されることの多いコーチングを子育てに活かす試みをしています。そんな子育てコーチングの現場で、こんな声を耳にします。「子どもの話を聴いてあげたいけど、忙しくておろそかになってしまう」「やろうと思っても忘れてしまう」。

その状況はよくわかります。子育てに休みはなく、つぎつぎにやってくる出来事に親は振り回されっぱなしです。しかし、だからこそ忘れずに続けられ、興味をもち続けられる方法はないか……と辿り着いたのが、絵本を使った子育てコーチング講座でした。

子どもなりの理由がある

この講座のなかでわたしがよく取り上げるのは、『あかがいちばん』という翻訳絵本です。カナダではロングセラーの絵本で、シンプルな絵にスッと入ってくる赤がとても印象的。おしゃれな絵本です。

主人公の女の子は赤が大好き。赤い靴下にも赤い手袋にもそれぞれ彼女なりの理由があるのに、お母さんは、白のほうが似合うとか穴が開いているとか、おとなの理由で彼女の赤に対して文句を言います。

でも、女の子はこっそり思っています。お母さんは赤のことをなんにもわかってない。赤い靴下なら高く飛べるし、赤い手袋だと雪玉がじょうずに作れるのに……と。

親たちの反応は

講座では、なにも前置きせずにこの絵本を読み聞かせします。すると必ず、親たちはニヤリ、くっくっと苦笑し始めます。絵本の中盤〈赤のコップでも緑のコップでも変わらないわよ、ついじゃったんだからこっちで飲んで〉というシーンでは、ついには声を出して笑う人も現れます。決しておかしいからではありません。みなさん、そこに自分の姿をみているのですね。

読み終わったところで、わたしが「みなさん、誰もが思いあたりますよね～」と声をかけると、いっせいに激しく頷き、赤ちゃんを抱っこしながら聞いていたお母さんは思わず子どもをなでていたりします。

親から子へ

あるとき、読み聞かせの後で、「うちの子はピンクが好きなんです。ピンクばっかりなんです」と、興奮気味に話し出したお母さんがいました。その方は早速この絵本を入手して、子どもに読んで聞かせたそうです。すると「この女の子は赤が好きなんだね。わたしはね、かわいく見えるからピンクが好きなの。保育園でも似合うって言われるよ」と、知らなかった一面を話してくれたそうです。

実はそのお母さん、正直なところピンクよりもシックな色合いの服を着てほしいと、ときには強制的に着せていたそうです。けれど「ようやく諦められました」と、笑顔をのぞかせていました。

またあるときには、この本の読み聞かせ中にそっと涙を拭くお母さんの姿がありました。自分が子どもの気持ちを聞いていないことにハッとして、思わずこみあげてきたのだとか。今はこの本を手元に置き、ときおり読み返しながら、自分を見直すきっかけにしているそうです。

絵本は、親を励ますツール

子育ては不安の連続で、お友だちのよい例を聞いても悪い例を聞いても気になり、どうしてもわが子との比較になってしまいがちです。

そんなとき絵本という現実から少し離れたフィルターを通して、自分と子どもを客観視できると、そこに小さな抜け道がみつかります。絵本は親子の楽しい時間を提供するだけでなく、こんな力ももっています。この本は、その力を明確に伝えてくれる1冊です。

（大久保徳久子）

しりたがりやのふくろうぼうや

◎マイク・サラー［作］
◎デービッド・ビースナー［絵］
◎せな あいこ［訳］
◎評論社
◎1992年

どんな子どもにも「なんで？　なんで？」と、世の中のすべてをしりたがる時期がありますね。この本のなかでも、ふくろうぼうやは「ふたつのときから」しりたがりでした。

「おそらは　どれくらい　たかいの？」という超難問も繰り出します。しかし、母さんふくろうは動じることなく、「たしかめてごらん」と、子どもに自ら体験することを促します。「知らないわよ」と突き放すでもなく、ネットで検索した答えを教えるでもなく。

この本を読み聞かせすると、どの親も自分の子育てをぐるぐる頭のなかで振り返っているのが、よくわかります。そして、この母さんを認めつつも、「ふつうこんなことできない」などという意見が出てきます。たしかに、現実はお話のようにはいきません。

ふくろうぼうやは、〈空は飛んでも飛んでも行きつかないほど高い〉と身体で知っているから、母さんに愛情を伝えるとき、〈空の高さと同じくらい好き〉と、実感をこめて表現しています。「わあ〜、いわれてみたーい」とのためいきも聞こえてきます。子どもにはしりたがりの時期と同様に、やりたがりの時期もあります。そんな時に重なっていたママは「全部は無理だけど、やらせてみるって大切ですね」と、感想を口にしていました。

（大久保徳久子）

◆『子育て支援と心理臨床』バックナンバーのご案内◆

●定期購読をご希望の方は、最寄りの書店にお申し込みください。
●弊社に直接ご注文いただく場合は、電話またはFAXにて営業部宛にお申し込みください。
代金引換クロネコヤマトのブックサービスにてお送りいたします。この場合、別途手数料（200円）がかかります。

（お問い合わせ）福村出版　営業部　TEL 03-5812-9702　FAX 03-5812-9705

【監修】子育て支援合同委員会　【編集】『子育て支援と心理臨床』編集委員会　［B5判／並製］

定価1,785円（本体1,700円＋税）

vol.1

ISBN978-4-571-24530-5

●特　　集　子育て支援とコラボレーション——広げよう安心のネットワーク
●座 談 会　子育て支援フォーラムを振り返って——多分野協働の“今”とこれから
●小 特 集　子育て支援とコラボレーションの地域実践モデル＠群馬
●子育て支援政策最前線　福島みずほ少子化対策担当大臣に聞く
●霞ヶ関ニュース　「子ども・子育てビジョン」について

vol.2

ISBN978-4-571-24531-2

●特　　集　発達障害の家族支援——家族と協働するための実践スキル
●座 談 会　発達障害をもつ子どもの家族への支援を巡って
●小 特 集　子育て支援とコラボレーションの地域実践モデル＠新潟県三条市
●子育て支援最前線　成澤廣修文京区長にきく
●霞ヶ関ニュース　育児・介護休業法の改正について

vol.3

ISBN978-4-571-24532-9

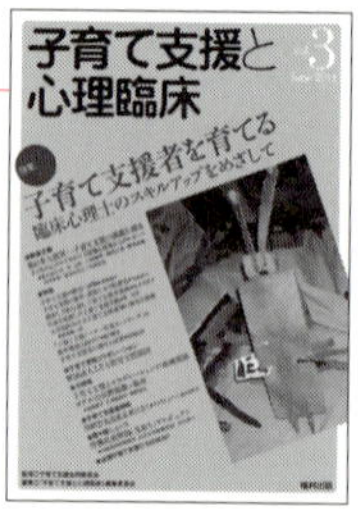

●緊急企画　東日本大震災——子育て支援の課題を探る
●特　　集　子育て支援者を育てる——臨床心理士のスキルアップをめざして
●子育て支援コラボレーション　財団法人こども教育支援財団
●小 特 集　子育て支援とコラボレーションの地域実践モデル＠長野県駒ヶ根市
●子育て支援最前線　草間吉夫高萩市長にきく

vol.4

ISBN978-4-571-24533-6

●特　　集　子どもたちはいま——東日本大震災から半年を経過して
●特別企画　被災した子どもたちと心のケア——支援の現場から
●小 特 集　保育心理臨床——保育カウンセラーの現場から
●子育て支援最前線　野田聖子衆議院議員にきく
●霞ヶ関ニュース　東日本大震災による要保護児童への支援
——3.11から半年間の厚生労働省の対応と取り組み

vol.5

ISBN978-4-571-24534-3

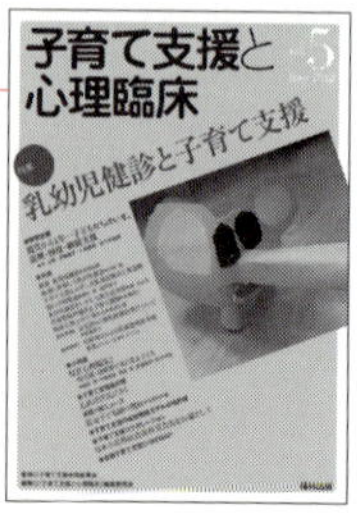

●特　　集　乳幼児健診と子育て支援
●特別企画　震災から１年——子どもたちはいま、復興・回復・継続支援
●小 特 集　保育心理臨床２——保育園・幼稚園で気になる子ども
●子育て支援最前線　乙武洋匡氏にきく
●子育て支援の地域実践モデル＠福井県
●子育て支援コラボレーション　日本小児科医会保科清会長をお迎えして

第3章 小児科で読まれている絵本

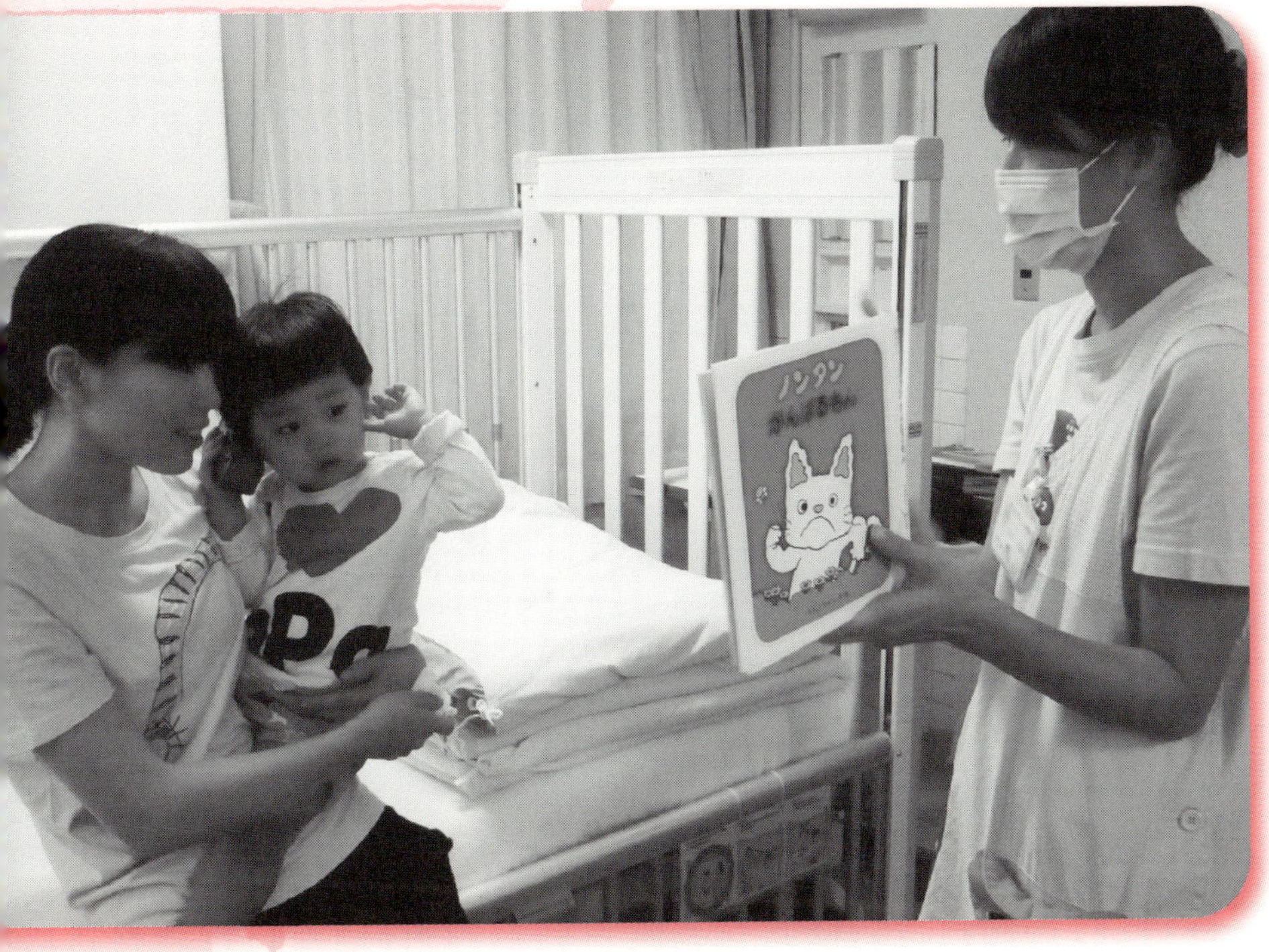

第3章の作品

ノンタンがんばるもん

へんしんトンネル

さっちゃんのまほうのて

こいぬのうんち

おおきなかぶ

ノンタン　あわぷくぷくぷぷぷう

ねこのおいしゃさん

うんこ

ずるいよずるい

ばいばいまたね

くっついた

ただしい？！ クマのつかまえかた

バルボンさんとさくらさん

雨、あめ

おおきくなったらなにになる？

はじめに

小児科医、小児医療と絵本

内海裕美

2000年の夏、日本外来小児科学会で「待合室の絵本」というワークショップが行われました。小児科診療所では、特に子どもたちが快適に過ごせるようにさまざまな工夫がされています。おむつ替えや授乳のための空間を確保していたり、待ち時間に子どもたちが退屈しないようにおもちゃを置いたり，電車の模型を走らせてみたり、子どもたちに人気のキャラクターを置いたり、赤ちゃん向けにはモビールを天井からつるしてみたりといろいろです。小児科には、乳幼児健診や予防接種など健康な子ども、親子がやってきます。

ほとんどの家にテレビやパソコンがあり、親子が一緒にいながら声をかけあったりする機会も減っています。言葉をしゃべらない赤ちゃんとどう時間を過ごせばいいかわからないという母親も少なくありません。そんな親子に絵本を届けることができないだろうか、という思いをもつ小児科医が集まったワークショップでした。

そこでは、幼稚園・保育園の園医として読み聞かせをしている、学生への講義に利用している、待合室にたくさん絵本を置いているなど、絵本と深くかかわっている小児科医の仲間がいることがわかりました。

その後、「待合室に絵本を！」という声が広がり、と同時に待合室からテレビを撤去する診療所もあらわれたのです。そして、待合室には、「読んで，読んで」という可愛らしい声と、親子の読み聞かせの時間が生まれたのです。小児病棟からテレビを撤去して病棟保育士を配置して、たとえ入院中でも豊かな時間を過ごさせる努力をしている病院もあります。入院生活も含め、痛いことやつらいことも経験しなければいけない子どもたちには、病気やけがをした主人公のおはなしがほっとするようで、活用されています。

地域の子育て支援の場では、小児科医が親子に読むことで、親子が一体となって絵本の世界を楽しむことができます。子どもの世話に追われ、孤独な子育てに疲れている母親が、包まれている気持ちになりほっとする、日々の緊張から解き放たれて笑顔になることも、よく経験されることです。そこで出会った絵本を、今度は家庭で読んでいるようです。

子どもと絵本をつなぎたい、子どもと親を絵本でつなぎたい、そんな思いで絵本にかかわった小児科医が、さらに絵本の魅力にひきこまれて、紙芝居をやってみたり、保育園・幼稚園で絵本の読み聞かせをとおして子どもたちとかかわることも増えました。そこでのかかわりでは、聴診器では聞こえない子どもの心を聴くこともあります。

病気であっても、発達過程にある子どもの時間は、かけがえのない時間です。絵本は、このかけがえのない時間を豊かなものにしてくれるのです。

ノンタンがんばるもん

ノンタン　ぶらんこ　だいすき。
そーれ　びゅんびゅん
スピードのりだ。
どっしーん！
うわーっ、
ノンタンが　おっこちた！

◎キヨノ サチコ［作・絵］
◎偕成社
◎1998年

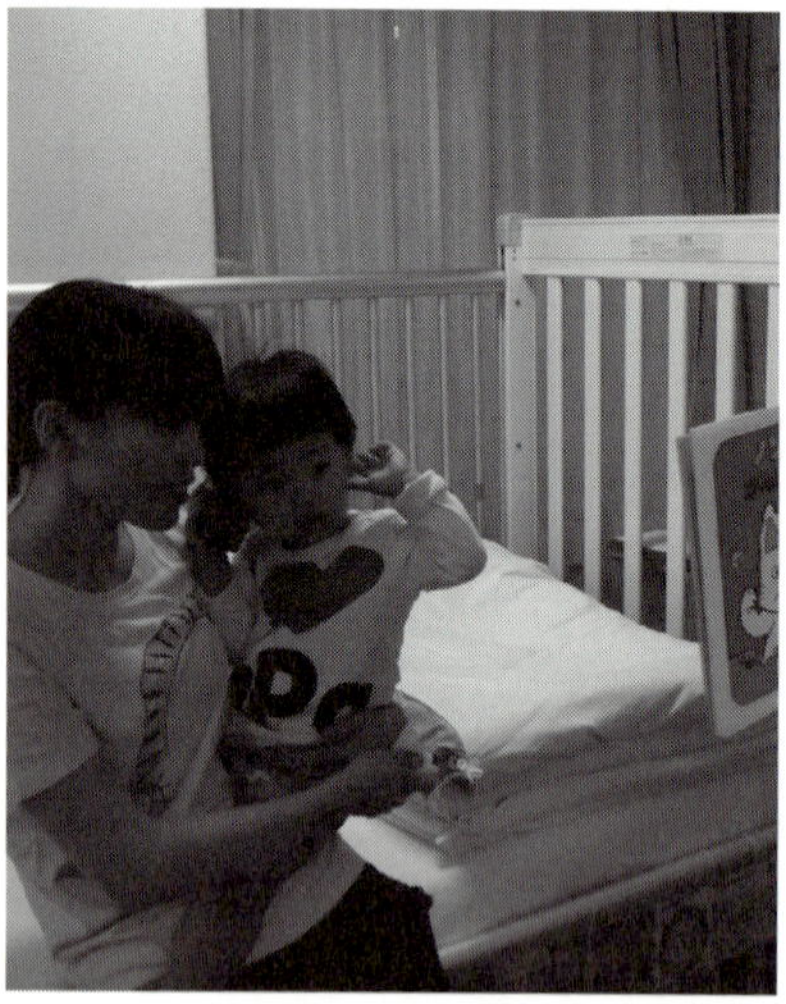

私が勤めている病院は、病床数30の小児科・内科で、入院患者は急性疾患が主です。私は、病棟保育士として、付添の方が買い物やシャワーなど用事を済ませる間の一時保育や、季節の行事活動等々、入院患児と家族のサポートやストレスケアを行っています。また、ストレスケアの一環として、毎週木曜日に「おはなしタイム」と題し、入院患児に対して絵本の読み聞かせを行っています。

ノンタンの絵本シリーズは子どもたちに人気ですが、そのなかでも子どもたちをひきつけるのが『ノンタンがんばるもん』で、「おはなしタイム」でもよく子どもたちに読んでいます。子どもたちが「注射なんか、へっちゃらさ！　手術だってこわくない！」と思える、読めば勇気がりんりん湧いてくる楽しい絵本がほしい、そんな要望にこたえてできたのがこの絵本だそうです。作者のキヨノサチコさんの「病気やけがと闘っている子どもたち、ガンバレ、ガンバレ！　早く元気になあれ」という思いが込められています。

『ノンタンがんばるもん』では、ノンタンがブランコに立ち乗りしてスピードを出したので、勢いあまって落ちてしまい、耳が切れるけがをします。とっても痛そうで、読み聞かせをしていると、子どもたちはそんなノンタンを心配そうに神妙な顔で見つめます。けがをして痛がり、泣き出してしまうノンタンを、仲間たちは急いで病院へ連れていきます。病院で待っていたのは、くまのお医者さんとかばの看護師さん。かばの看護師さんは、ノンタンを心配し、慌てている仲間たちに、「だいじょうぶ。すぐなおるわ」とやさしく声をかけます。そして、ノンタンの耳の治療が始まります。

まず、最初は傷の消毒。そして、いよいよその次は注射です。「ノンタンのちゅうしゃはどれかな　どれかな」と、かばの看護師さんは楽しく陽気に歌いながら、いろいろな動物の注射のなかからノンタンの注射を探します。私も読み聞かせをするときは、自分でメロディーをつけて、子どもたちが楽しい気持ちになるように歌います。子どもたちも一緒にノンタンの注射を探し、探し当てると、うれしそうに指さし教えてくれます。

入院している子どもたちは、入院するときに採血や点滴をするため、注射は身近に体験した出来事です。痛みを伴い、誰もが嫌がる注射は、子どもたちはもちろん嫌いですし、できたらしたくありません。ノンタンもみんなと一緒で注射が嫌いです。「ちゅうしゃだいきらい。たすけてー！」と、病院をとび出してしまいます。そんなノンタンを仲間たちは捕まえて、励まし、病院へ連れ戻します。

仲間たちの声援により、ノンタンは覚悟を決め、「うん、ぼくがんばるもん」と力強く胸をたたきます。そして、今度は「ちゅうしゃなんか、へっちゃらだい」と注射を受け、さっきまで泣いて逃げ出していたノンタンとは大違いです。そんなノンタンをみて、付添のお母さんは「○○くんと一緒だね。強いね。がんばったね」などと声をかけてくれます。子どもたちも自分のことを振り返るようで、真剣なまなざしでみつめます。

注射の薬がきくとノンタンは眠ってしまい、その間に治療は終わります。そして、目覚めたノンタンは笑顔で、「みんなありがとう。うふふ。ぜんぜんいたくなかったよ」と、仲間たちに伝えます。包帯がとれるとけがは治っており、仲間と一緒に大喜び。それを見ている子どもたちもうれしそうな、ほっとした表情をみせてくれます。

入院している子どもたちは、絵本のなかで、自分と同じように注射を受けているノンタンを観察することで、自分の体験を振り返ることができます。また、注射は怖くて嫌だけど、耳を治すため、みんなの励ましにこたえ、注射をがんばったノンタンを見ることで、次に自分が注射をするとき、いやな治療があるとき、ノンタンみたいにがんばろうと、勇気をもらっているのだと思います。

（宮上さゆり）

へんしんトンネル

◎あきやま ただし［作・絵］
◎金の星社
◎2002年

『へんしんトンネル』は、楽しいことば遊びの絵本です。入院病棟の読み聞かせ活動「おはなしタイム」でも、子どもたちに読むとたいへん喜ばれます。

ふしぎなトンネル「へんしんトンネル」をくぐると、なぜかへんしんしてしまいます。かっぱが「かっぱかっぱかっぱ……」とつぶやきながらトンネルをくぐると、「ぱっかぱっかぱっか」とげんきなうまになって出てきたり、ちいさなぼたんが「ぼたんぼたんぼたん……」とつぶやきながらトンネルをくぐると、たんぼになっちゃったりするのです。

子どもたちは一緒にことばを繰り返しています。へんしんするものがわかって正解すると、とってもうれしそうな笑顔をみせてくれます。そして、次は何が出てくるのかと、わくわくしながら、楽しそうに見入っています。

途中で、ブタの「ぶーちゃん」が出てきてトンネルをくぐり、見たこともないへんてこりんな生き物にへんしんすると、子どもたちも思わず笑ってしまいます。

他にどんなへんしんすることばがあるかなと、子どもたちと一緒に考えてみるのも楽しいです。『へんしんトンネル』は、子どもたちも絵本に参加し、コミュニケーションを取りながらことば遊びを楽しめるおもしろい絵本です。

（宮上さゆり）

さっちゃんのまほうのて

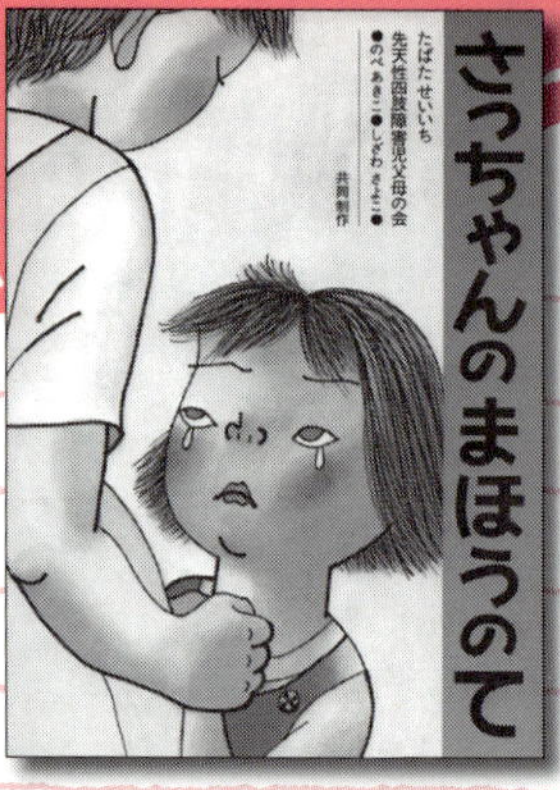

さっちゃんは　きょう、
とっても
おかあさんに　なりたかったのです。
おかあさんになって、みんなに　おやつを　あげたり、
あかちゃんに　ミルクを　のませたり　したかったのです。

◎たばた せいいち・先天性四肢障害父母の会・のべ あきこ・しざわ さよこ
［共同制作］
◎偕成社
◎1985年

私のクリニックでは、月1回、地域のおかあさんたちが中心となり、「小さなお話会」を開いています。予防接種の子どもたちの待合室として図書室を作ったときに、おかあさんたちから待合室でお話会をさせてもらいたいとの申し出があり、もう8年も続いています。

そのお話会で毎年1回は読まれる絵本が、『さっちゃんのまほうのて』です。生まれつき右手の指がない主人公のさっちゃん。さっちゃんは、ままごとのなかで、どうしてもおかあさんになりたかったのです。でも、友だちから、「さっちゃんは、おかあさんになれないよ」と、指のない右手のことを言われてしまいます。そして、おかあさんに自分の手にどうして指がないのか尋ねました。おかあさんは、お腹のなかでけがをしたためで、小学生になっても、その手はそのままであることを告げました。

それからまもなく弟が生まれ、さっちゃんはお姉さんになりました。おかあさんの病院の帰り道、さっちゃんは、おとうさんに、自分もおかあさんになれるかなあと尋ねました。おとうさんは、笑顔で「なれるよ」と答えました。それから「さちこと手をつないでいると、おとうさんはふしぎなちからがいっぱいになるんだ。さちこのては、まほうのてなんだよ」と、すてきな言葉が続きました。

読み聞かせをしていてこの箇所にさしかかると、こみ上げてくるものがあります。この絵本は、障がいをもった子が、誰もが通っていく道を描いています。さっちゃんは、自分のおかれている現実に気づき、傷つき、そして立ち直っていくのです。子どもたちも、自分とちがう友だちがいても、しだいに認めるようになっていきます。

最近ですが、先天性四肢障害の父母の会に出席する機会がありました。さっちゃんと同じような障がいをもった子どもたちやおとなの方の会です。この本のできるまでのお話を、共同著者である野辺明子さんから聞くことが

1　2　3

1読み聞かせ（近所の夫婦）　2読み聞かせ（私）
3チームさっちゃんの読み聞かせ（音楽祭で）

できました。絵本作家の田畑精一さんは、患者の会の行事に参加され、父母の会の会員からさまざまな話を聞き、「障がいのある子どもや一般の人たちに、障がいを伝える絵本」を、時間をかけてかきあげたとのことでした。

会の参加者の手をみると、さっちゃんと同じような人たちや、もっと障がいの大きい人たちもいました。みんな、元気で学校に通ったり、仕事をしたり、おかあさんになっている方もたくさんいました。みんな、この絵本のような経験されてきたのだなあと思いました。

仙台市では、10年も前から「とっておきの音楽祭」という、障がいのある人もない人も、音楽を通して心のバリアフリーを実現しようと、コンサートを行っています。私の町でも、町の商店街を利用してこのコンサートを実施しました。そこに「チームさっちゃん」が出演し、この絵本の読み聞かせと、野辺明子さんが作詞したさっちゃんの歌を歌いました。

会場には、おなじ障がいをもった子どもさんとそのおかあさんもいて、さっちゃんが、おかあさんに手のことを聞くところでは、涙をながされていました。舞台に目をやると、ピアノの伴奏をしていたのが、さっちゃんをそのままお母さんにしたような女性でした。ピアノの音だけを聞くと、とても指のない手で弾いているなんて感じないほどの腕前でした。

私のクリニックにも、さっちゃんよりも重度の先天性四肢障害の子どもさんが来院されます。初めて受診されたときは、腕にタオルを巻いて、障がいのある腕を隠されていました。おかあさんは、待合室にある『さっちゃんのまほうのて』の本を手にとって読んでいらっしゃいました。何回か通院されるうちに、障がいのある腕も隠さず来られるようになりました。

クリニックの図書室の『さっちゃんのまほうのて』は、もう3冊目です。

（松田幸久）

こいぬのうんち

◎クォン・ジョンセン［文］
◎チョン・スンガク［絵］
◎ピョン・キジャ［訳］
◎平凡社
◎2000年

「被災地の子どもたちに笑顔を取り戻してもらい、元気になってもらおう」と、仲間と一緒に岩手県陸前高田市に行って、学童の教室で読み聞かせをしたときの話です。

私が選んだ絵本は『こいぬのうんち』。1人のおかあさんが「その絵本、うちにもありました。でも、津波でながされたんです。ここで、また出会えるなんて」と、子どもさんと一緒にお話会に参加してくださいました。

主人公は、こいぬのうんち。「くさい」「やくたたず」「うんちのなかでも、一番きたねえいぬぐそ！」などと言われ、ひとりぼっち。悪いことをしていないのにいじめられる子どものようです。

雨の日に、うんちの前にたんぽぽの芽が顔をだしました。たんぽぽは、花を咲かせるために、うんちがこやしとなることが必要だと話しました。うんちは、自分が役にたつことを知り、うれしくなりました。そして、雨にうたれて、土の中にしみこんで、たんぽぽの根っこにあつまりました。春になり、こいぬのうんちの命を受け継いだたんぽぽは、きれいな花を咲かせました。うんちの命はたんぽぽのなかで生き続けるのです。

この絵本のように、瓦礫の原となった被災地に、たくさんの花が咲けばいいなあと思いました。（松田幸久）

おおきなかぶ

おじいさんが
かぶを　うえました。
「あまい　あまい　かぶになれ。
おおきな　おおきな　かぶになれ」
あまい　げんきのよい
とてつもなく　おおきい　かぶが　できました。

- ◎ロシア民話
- ◎A・トルストイ［再話］
- ◎内田莉莎子［訳］
- ◎佐藤忠良［絵］
- ◎福音館書店
- ◎新版1966年

私は、子どもクリニックが経営している病児保育室に勤めています。その保育室は、6カ月から小学校3年生ぐらいまでの子どもを預かっています。熱がある子どもが多いので、体を動かして遊ぶことよりも、体を安静にしたうえで読み聞かせをよく行っています。毎日違う子どもが来ることもあり、その日に来ている子どもに合わせて絵本の読み聞かせをしています。ですから、絵本を選ぶことがとても重要になります。そのなかで、今回は幅広い年齢層でも楽しめる『大きなかぶ』を紹介したいと思います。

保育をしているときに、「絵本はなにがいい?」と聞くと「大きなかぶがいい!」とあげるくらい、子どもたちは大好きです。その大好きな絵本の特徴として、同じセリフの繰り返しが多く使われていることがあげられます。それにより、言葉の取得が敏感な時期に楽しみながら言葉を取得し、発することができる絵本だと思います。

繰り返しの1つ目は、かぶを引き抜くときの掛け声である「うんとこしょ、どっこいしょ」のフレーズです。このフレーズは、かぶを引き抜くたびに繰り返し出てくる言葉です。繰り返すことにより子どもは覚え、真似をしようとします。そして、同じ読み方やリズムを付けることで一緒に言いたくなり、言うことで一緒にかぶを抜いている気持ちになり楽しむことができます。

『大きなかぶ』を読み始めると、一緒に合わせながら台詞を言う子どももいます。初めは1人、2人ですが、最後のほうには見ている子どもたちみんなが大きな声で、「うんとこしょ。どっこいしょ」と言っています。そして、かぶが抜けると「やったー!」「抜けたね!」と、とっても喜んでいます。そのときの子どもの笑顔は輝いています。絵本を見ることで達成感を味わっているのだと思います。

体調がいい子どもは、どのようにかぶを抜くのか一緒に動いて言葉に合わせながら行っています。動作は、まだ話すことができない子どもでも、一緒に動くことで楽しさを感じることができます。

２つ目は、登場人物が、普段生活をしているなかで出てくる人物名が多いことです。それを、出てくるたびに繰り返し、出てきた順に書かれています。本来であれば、出てきた人物だけを紹介すればいいところを繰り返すことで、子どもの気を引いていると思います。繰り返すことで、なんとなく聞いたことのある名前でも、絵と一致させながら徐々に名前を覚えていきます。覚えると自信がつき、日常の生活のなかで同じものを見つけると発するようになると思います。このような要素が含まれている絵本です。

保育室でも、月齢が低い子どもには絵本だけを見るのではなく、子どもの顔を見ながら人物の絵を示してゆっくりと言うようにしています。そうすることで、大人の言っている言葉と合わせて言おうとします。「おじいさん」という言葉でも初めは「……さん」と、語尾だけを一生懸命言っています。それに対して「上手だね」と声をかけると、とても喜んでいます。次のページにも同じ名前が出てくるので、「知っている名前だ！」と思い、自信をもって言うようになっていました。

少しずつ、名前がわかってきたら、次はクイズを出してあげます。絵を指さして「これは？」と聞くと、「おじいさん！」「おばあさん！」と答えてくれます。そのたびに、当たっていることを伝えると、とっても喜んでいます。月齢が高い子どもは、すべての文章をおとなに合わせて言うことがあります。まだ字が読めなくても耳で覚えているので、的確にいうことができています。そのときには、初めの方は読みますが、途中からは子どもだけで読んでいることが多くなります。その状況は、小さな先生です。

絵本は、ちょっとした工夫により、一緒にたのしむことができます。ぜひ、子どもと一緒に絵本をよんでみてはいかがでしょうか。

（千葉美香）

ノンタン あわぷくぷくぷぷぷう

◎キヨノ サチコ［著］
◎偕成社
◎2版1980年

この本の特徴は、動物あてクイズになっていることです。

「あわぷくぷくぷく、ぷぷぷぷぷう。このしっぽだーれだ？」と、聞くように読むと、子どもは「たぬき！」と答えます。

「しゅわしゅわしゅわー。たぬきさんのしっぽ」「あったりー！」と喜びます。

病児保育で大好きなお母さんやお父さんと離れ、なかなか気分の切り替えができずにいた子どもも、お友だちが「たぬき！」「くま！」と答えて、「あったりー！」と言われ、手をたたいて喜んでいる姿をみて、涙を止めて少しづつ近づいてきます。そしていつの間にか輪のなかに入り、一緒になって答えるのです。

クイズ形式の絵本には、次は何が出てくるのだろうというワクワク感と、絶対に当てたいとの思いから、集中して絵本に見入る姿が見られます。そして、まだ言葉を獲得していない小さな子どもも、お兄さんやお姉さんのまねをして一緒に言葉を発し、答えます。

読み重ねていくと、今度は必ず子どもが「だーれだ？」と、読む側になるのです。こうして、ワクワク感・集中力・言葉の獲得、そして問題を出す側の優越感にもひたれるこの絵本が、子どもたちは大好きです。

（浅川幸子）

ねこのおいしゃさん

ねこのおいしゃさんは
どんな病気も気合で治します。
病院は大繁盛！
でも　ある日、
おくさんのおなかが痛くなって……。

◎ますだ ゆうこ［文］
◎あべ弘士［絵］
◎そうえん社
◎2008年

ぼくが絵本に興味をもったのは、10年近く前からでした。開業して1年ほど経ち、育児支援をどのように行おうかと思案しているときに、絵本と出会いました。松居友著の『絵本は愛の体験です。』（洋泉社２０００年）を読み、「絵本は大人が子どもに読んであげる本」と書いてあり、目からうろこが落ちた気がしました。それまで、絵本は子ども自身が自分で読んだり眺めたりする本だと思っていたからです。

まずは、自分の3人の娘たち（当時4歳、6歳、8歳）に読み聞かせを始めました。寝る前の20分ぐらいで、2～3冊ずつです。子どもたちは大喜びで、いつも楽しみにしてくれていました。ソファーに横に並んで座って読むのですが、ドキドキする場面では体に力が入り、ハッピーエンドの場面ではスーと力が抜けてホッとするのが、手にとるように伝わってきます。子どもとの不思議な一体感が味わえるひとときを過ごしました。

そんな折、小児科開業医の先輩のなかで、園医をしている幼稚園・保育所で読み聞かせをしている先生方の存在を知りました。そこでぼくも、もっとたくさんの子どもたちに絵本を楽しんでもらおうと思い、自分が園医をしている幼稚園で読み聞かせを始めました。そうして半年ほど経った頃、もう少し小さい年齢の子どもたちと絵本を楽しみたいと思うようになり、保育所での読み聞かせも始めました。現在も、医院が休診の木曜日の午後、月1回ずつ幼稚園と保育所で読み聞かせを続けています。

さて、時間が前後しますが、２００３年の春分の日に、「全国訪問おはなし隊」のキャラバンカー（移動図書館のようなトラック）がぼくの医院にやって来ました。これは、講談社の読書推進事業の1つで、各都道府県を1カ月毎に回っているのです。多くは幼稚園、保育所、大きな本屋さんなどを回っているのですが、新聞誌上で一般公募していたので申し込んだところ、来てもらえることになったのです。イベントは1時間ほどで、最初の30

分間は読み聞かせ・紙芝居などを待合室で、後半はキャラバンカーの絵本を屋外（医院の駐車場）で好きずきに読みました。幸いお天気に恵まれ、青空の下、親子で絵本を手にする光景があちらこちらで見られました。

読み聞かせは、地元のボランティアの方が手遊び・エプロンシアター・パネルシアターを混じえてされました。また、専属のスタッフの方が紙芝居をされました。このとき、ボランティアの方がパネルシアターで演じたのが『ねこのおいしゃさん』だったのです。場所が医院ということで、迷わずこのお話を選ばれたそうです。この当時はまだ絵本化されておらず、２００８年に絵本として出版されました。

森のなかにある小さな病院のねこのお医者さん。「ニャー！」と気合いを入れて、あっという間に動物たちの病気を治してしまいます。そして最後には看護師の奥さんねこのお腹が痛くなり……。

読み聞かせをすると、子どもたちは、気合いとともに吹き出るゾウの鼻水や伸びるキリンの首を見て大喜びです。ラストの５つ子のねこたちを見て、幸せそうな笑顔を見せてくれます。さらに楽譜も付いていますから、絵本を読んだ後にはみんなで一緒に歌って楽しめます。

実際には、ねこのお医者さんのように、どんな病気でも気合い一発で治してしまうというわけにはいきません。ですが、このご夫婦を見習って、地域の子どもたちの病気を治したり、予防したりして、元気にすくすく育つお手伝いを続けていきたいと思います。

最後に、子どもたちに楽しんでもらおうと思って読み聞かせを続けていますが、実は、ぼく自身が一番楽しんでいるのかもしれません。読み聞かせをする度にいつも、子どもたちから元気をもらって帰ってきていますから。

（住谷朋人）

うんこ

◎みやにし たつや［作・絵］
◎すずき出版
◎1994年

子どもは“うんこ”や“おなら”が大好きです。作者の宮西達也さんご自身が、講演会で度々『うんこ』の読み聞かせをされています。聞いている子どもたちは、一気にテンションがあがり、絵本に夢中になります。

ぼくが保育所で読み聞かせをすると、「うんこ」とタイトルを言っただけで、子どもたちが“にやっ”とした表情になります。なかでも３歳前後の子どもたちが一番喜びます。

この年齢は、おむつがはずれて排泄がしっかり自立した頃です。尿意や便意を感じ、自分の意志で排尿・排便することを体験・自覚し、“おしっこ”や“うんこ”を五感を通して理解したばかりの時期で、興味津々なのです。

この絵本では、金魚やカラスにヤギなど身近な動物の“うんこ”が次々と登場します。ぞうさんの大きな“うんこ”の場面では、子どもたちから「うわーっ！」と歓声があがります。“ぼく”が「うーん……」と気張る場面では、みんなの顔にも力が入り、「ぽっちゃんっ！」と元気な“うんこ”が出ると、まるで自分が“うんこ”をしたかのようにスッキリした表情になります。“うんこ”を通して、生き物への理解も深まり、子どもたちの世界を広げてくれる絵本なのです。

（住谷朋人）

ずるいよずるい

ずるいよ、ずるい。
あたし、やきもちやきの　モンスター。
からだの　なかが、ねじれて　くるしい。
ずるいよ、ずるい　あたし、
ねこを、うらやむ　いぬ。
あったかな　ひざ、ぼくにも　わけて。

◎ブライアン・モーセズ［作］
◎マイク・ゴードン［絵］
◎たなか まや［訳］
◎評論社
◎1999年

「ずるい」という言葉から、私はイソップ寓話の「ずるい狐」というお話を思い出します。2匹の猫がごちそうの取り合いになって睨み合っています。そこに狐が来て、その食べ物を半分づつ公平に分けてあげようと言うのです。しかし右が大きいことに気づき、大きい方を少し食べます。すると左の方が大きくなってしまうので反対を食べる、それを繰り返して、おしまいには全部狐が食べてしまい、「ああ、おいしかった」というお話です。

　イソップはずるい狐を責めてはいません。無益な争いは別の第三者が得をするだけだ、と説いています。「狐はずるい」と思うのは当然ですが、それだけで終わってしまっては、生きる力の助けにはなりません。「狐はずるい」と思う感情をどのように受け止め、どのように心のなかを整理していくかが大切なのだと教えてくれるお話です。

　私には3人の子どもがいます。真ん中の長女はいつも「お兄ちゃんばっかり新しい物をもっててずるい！」「妹ばっかり可愛がられてずるい！」と、よく言っていました。そのたびに、自分としても仕事と家事の忙しさのために彼女に十分に目をかけることが少なかったことを反省し、膝に乗せて「だーい好きだよ！」と抱きしめていました。

　あの頃、この本に出会えていたら、おそらく助けてもらったと思います。娘も「また読んで」と、繰り返しせがんだことでしょう。

　マイク・ゴードンの「心のなやみにこたえます」シリーズは、子どもだけでなくおとなでも心に得るものがあります。人をずるいと思う心、恥ずかしいと思う心、うそをつく心、怒ってしまう心、さみしがり屋さんの心、いろいろな揺れる心があります。

　構成として、〈自分の心のなやみを表現〉→〈反対に自分も同じように思われているということへの気づき〉→〈なやみの解決法、対処法の提案〉となっており、本と一緒に考えを進めていき、自分で結論を獲得できるようになっています。そして「ずるいよっておもうあたしがいたら、ずるいよっておもわれるあたしもいる。『ずるいよ』はぜんぶ、ごみばこにすてて、いまあるしあわせを、だいじにしよう」という言葉でくくられており、読み終えた次の瞬間、前を向いている自分に気づかされます。

20世紀をもっとも代表する発達心理学者の1人であるエリク・ホーンブルガー・エリクソンは、羨望、羞恥心、劣等感、不全感、恐怖感、孤立感、これらの否定的な感情を抱えながらもそれを克服して、肯定的な部分を身につけていくことで、人生の心理的発達課題は達成されていくと唱えています。さらにエリクソンは「仲間と、道具や知識や体験の社会と共有し合うということは、『友達から何かを学ぶこと、友達に何かを教えること』である。こういった経験をどれくらい豊かにするかどうかが、子どもの勤勉さを育むうえで重要な要件である。今日の社会は大人から物を学ぶことが多い。しかしそれ以上に、幼児期・学童期の発達課題を充分に消化していくために不可欠なのは『友達から物を学ぶことであり、友達に自分の物を分かち与えることと』である」と、述べています。

まさにこのシリーズ絵本は、エリクソンが提唱する、発達課題を達成して健やかな心の成長を育むためにうってつけです。

あとがきで作者は保護者や先生に向けて子どもと一緒に考えてください、と語っています。「ずるいよって思うときの気分を子どもたちそれぞれのイメージにおきかえて絵にかいてみましょう。『ずるいよ』で始まるフレーズを重ね、詩をつくってみましょう。嫉妬という感情がどんな顔をしているのか、イメージをふくらませて描いてみましょう」などの提案です。「ずるい」という感情に対して自分で深く考え、解決法を生み出すように願いが込められています。この本に温かい思いを込めた作者の意図が強く感じられる1冊です。

（蜂谷明子）

ばいばい またね
ゆうちゃんは1さい①

◎とくなが まり・みやざわ はるこ［作・絵］
◎アリス館
◎1996年

「ばいばい　またね」と言うと、相手との関係が深くなり、気持ちが繋がっていく気がします。

表紙は、とても愛らしい赤ちゃん体型のゆうちゃんが、うさぎのアップリケがついた袋をひきずりながら「ばいばい」をしています。つい抱き上げたくなるようなゆうちゃんは水彩画で描かれており、とても温かな空間を表現しています。

乳幼児学級や保育園で読み聞かせをすると、まず表紙から一緒に「ばいばい」と手をふってくれます。読み聞かせのあとは、みんなで園にあるいろいろな物に「ばいばい」です。「次は何に『ばいばい』しようかな？」と見回す子どもたちの目はキラキラしています。

最後にゆうちゃんは、お母さんに「だっこ」です。そして「ばいばい　またね」と、園のみんなに手をふります。「ばいばい　またね」はお別れのあいさつの言葉ですが、実は帰るべき場所、心の居場所へ戻るための元気の出る魔法の言葉です。

『ばいばい またね』は、人生のなかでももっとも早くから、何歳になってもずっと使える行動（手をふる）と言葉（「ばいばい」）が一体になった、大切なコミュニケーションツールなのです。

（蜂谷明子）

くっついた

きんぎょさんと　きんぎょさんが
くっついた
あひるさんと　あひるさんが
くっついた
ぞうさんと　ぞうさんが
くっついた

◎三浦太郎［作］
◎こぐま社
◎2005年

「くっついた」という言葉と赤ちゃんとお母さんがくっついている表紙の絵に惹きつけられて買い求めた絵本。

医師会で主催している毎月の子育て支援セミナーで乳児を連れた親子に『くっついた』の読み聞かせをよくします。「きんぎょさんと　きんぎょさんが」という見開きでは「わ、きんぎょさんだって」とか、「ほら、今度はきんぎょさんよ」とか、必ずママたちがわが子に話しかけます。ページをめくって、きんぎょさんが口と口をくっついている絵が現れると、「お口とお口がくっついたのねぇ」と、また赤ちゃんにお話。「あひるさんだ」「今度はくちばしね！」「ぞうさんよ」「どこがくっつくのかな？」「あら！　お鼻がくっついたわね」

おさるさんが出てくると「しっぽかしら？」「お耳かしら？」と、ママたちが一生懸命考えています。

「あらら、長いおててねぇ」

話しかけられる赤ちゃんたちはとっても嬉しそうです。お母さんと赤ちゃんがくっつく場面では、全員が赤ちゃんとほっぺをくっつけて楽しんでいます。さらに！　最後にはお父さんもくっつくんです。会場にはお父さんはいないので残念ですが、ママたちはみんな「おとうさんもくっついた」までやりたいようすです。そんなママたちに、「続きはおうちでお願いしますね」とわたしが言うと、とても嬉しそうです。

待合室でも『くっついた』は人気のある絵本です。小学校低学年の子どもたちも『くっついた』の絵本を読みながら、お母さんとくっついて幸せそうです。土曜日は、お父さんとお母さんが一緒に受診されることもあるので、家族揃って『くっついた』を読みながら、くっついた遊びをとても楽しそうにされています。きょうだいが多いときょうだいみんなでくっついて盛り上がっています。お母さんのほっぺはふたつしかないから取り合いです。

保育園での読み聞かせでは、保育士さんが0歳児を膝に乗せて聞いてくれていますが、思わずほっぺとほっぺをくっつかせています。年長さんになると、子どもたちが「くっついた」という表紙を読むだけで、嬉しそうでもあり恥ずかしそうでもありで、そう人前で赤ちゃんみたいにべたべた甘えないんだ！　みたいな彼らの心意気が伝わってきます。でも読み始めると食い入るように聞き入り、「どこがくっつくんだ？」「やっぱり口か？」「今度はおしりかな？」などにぎやかです。「今度はどこがくっつくのかな？」「どう思う？」などという会話をしながら読み進めるのも楽しい時間です。

最後に「お母さんとくっつきたい人、手をあげて！」と言うと、勢いよく手をあげる子、くっつきたいけどあげそびれちゃった子、赤ちゃんじゃないからそんなことしないもん！と言いたげな子、いろいろです。でも、「じゃあ、手と手をくっつけてさよならね」と言うと、全員がわたしと手と手をくっつけてさよならしてくれるのです。くっつくって楽しいですね。

楽しく、笑顔でスキンシップ。毎日繰り返される親子の他愛のないやりとり。一番大切な愛を育んでいる時間です。作者の三浦太郎さんがご自身のお嬢さんが赤ちゃんだった頃にほっぺ同士をくっつけて「くっついた〜！」と遊んでいたことが、お話の原型だそうです

まだ何もしゃべらない小さな赤ちゃんとどうかかわっていいかわからないという新米ママの悩みを聞くことが増えました。

親子が楽しくかかわることのできる『くっついた』のような絵本を親子に読み聞かせる機会が増えるといいですね。

親にとっては赤ちゃんとのかかわりのヒントが得られ、赤ちゃんにとっては親と楽しいスキンシップが実現する絵本だと思います。

（内海裕美）

ただしい？！　クマのつかまえかた

◎クレア・フリードマン［作］
◎アリソン・エッジソン［絵］
◎しらい すみこ［訳］
◎ひさかたチャイルド
◎2010年

うさぎの絵本が大好きなけんとくん。表紙のかわいいうさぎにひかれてこの絵本を手にとってからお気に入りの様子です。診察にくるたびに、たくさんの絵本のなかから探し出して読んでもらっています（診療所には数千冊の絵本が置いてあるので、ときどき絵本の位置が変わってしまいますが、子どもは好きな絵本を探し出す天才！）。

この絵本、そもそもクマのことが大好きなウサギの話というのがおもしろい。ウサギのフリップの家の壁にはクマの顔、足跡、そしてなにやらクマの体の名称が書いてある紙が貼ってあります。

絵本にはフリップの読んでいる本の見開きが出てくるので、けんとくんはフリップになった気分で絵本を楽しんでいるようです。クマをつかまえるのにあまり乗り気でないポポのことなんかまったく気にせずに夢中になってクマをつかまえようとするフリップに、自分を重ねているようです。

同じ絵本でも、こわがりのポポに自分を重ねるもえちゃん。この絵本はお気に入りなのですが、ポポと同じように絵本のなかのフリップに話しかけています。

（内海裕美）

バルボンさんとさくらさん

「おはよう！　さくらせんせい」
どうぶつえんに　おつとめの　どうぶつたちが
こどもを　つれて
やってきました。
こどもたちは　みんな
さくらせんせいが　だいすきです。

◎とよた かずひこ［作］
◎アリス館
◎1999年

動物園の動物は自然から離されてちょっぴりかわいそうと思った作者のとよたかずひこさん。「そうだ、動物園は仕事場で、おうちはほかにちゃんとあるというお話にしよう」と思われたそうです。そして生まれたのが、動物園にお勤めするワニのバルボンさんが主人公のシリーズ絵本です。

1作目は『バルボンさんのおでかけ』。バルボンさんにはおうちがあって、お勤め先が動物園で、毎日一生懸命「ガガガオーン」と大きな口を広げてお仕事をする姿が描かれています。3作目は『バルボンさんのおしごと』。いろいろな動物が子どもを連れて出勤してきます。動物園の奥には保育園があって、動物の子どもたちはそこで過ごします。バルボンさんは一日の仕事を終えると保育園の仕事を終えたさくら先生とデートをするのです。4作目は『バルボンさんとさくらさん』。動物園のなかにある保育園の様子が描かれています。

保育園が出てくる絵本が、保育園の子どもたちは好きです。動物園のなかに保育園があるお話！　それだけで子どもたちは心惹かれるようですが、バルボンさんとさくらさんはワニなのに、ちょっとずんぐりしていてちっともこわくなくて優しい感じに描かれているせいか、子どもたちに大人気です。

子どもたちは保育園の先生が好きなので、「こどもたちは　みんな　さくらせんせいがだいすきです」というところで、「そうだろ、そうだろ」といった表情で聞いています。特にコアラちゃんとカンガルーくんはさくら先生が大好きで、ずっとくっついているというお話が気に入っています。大好きな先生を独り占めしたい自分の気持ちと重なるのでしょうね。

さくら先生のお昼寝姿には大爆笑。夕方、動物園の仕事が終わったお父さんやお母さんが、子どもたちを迎えにきます。バルボンさんお仕事が終わるとさくら先生をお手伝いします。

「バルボンさんはさくらさんがだいすきです」

園長先生にさよならするときも、バスに乗るときも、バスを降りるときも、2人はずっと一緒。「だって　バルボンさんとさくらさんはけっこんしたんですもの」というところになると、「結婚だって～！」と大騒ぎ。おうちに帰ったバルボンさんとさくらさんは水のなかに飛び込み、一日にあったことをいっぱいいっぱいお話するのです。「だいすきです」という言葉が何回も出てきます。読んでいるわたしも、聞いている子どもたちもほのぼのと幸せな気持ちになっていく絵本です。

ある保育園ではバルボンさんごっこが流行。お祝い会の劇にもなりました。診療所に来ると黄色のシリーズが並んでいるのを保育園の子どもが見つけて、お母さんに「これね、バルボンさんの絵本だよ」と、教えています。

「ガガガオーン」

ときどき待合室から聞こえるお父さんの声。今日も待合室にほのぼのとした時間が流れます。

ちなみにこのバルボンという名前。とても響きがいいと思いませんか？　阪急で活躍していたキューバ出身の野球選手〝ロバート・バルボン〟の名前を偶然聞いたとよたさんが気に入って、主人公の名前に採用したというエピソードがあるそうです。

（内海裕美）

雨、あめ

◎ピーター・スピアー［著］
◎評論社
◎1984年

字がないので、自分なりに絵を十分に楽しみながら、絵本のなかのきょうだい（姉と弟）と一緒に雨の日を楽しめるような絵本。

５歳のこうたくんは、傘をさして歩くのが大好き。雨どいからジャアジャア落ちる水を、傘をさかさまにして受けるところや、傘でホースの水を防いでいるところ、傘がおちょこになって風のなかを走り抜けるところが大好きです。

長靴から水がたくさん出てくるのさえうらやましそうに見ています。家に戻り、お風呂に入りおやつを食べて、外の雨を見て室内で過ごすところは病気の時に外に出られない日と重ねて、「お熱があるときは積み木をして遊ぶんだよ」と、説明してくれます。

弟のズボンがおなかまできちんとあがっていなくておしりが半分見えているところも気になるようで、「おしりがでてる、おしりがでてる」と、楽しそうです。「テレビは夜は見ないんだよ。テレビは明るい部屋で見るんだよ。テレビに近すぎるよね」と、テレビやＤＶＤの見せ方がおうちできちんとコントロールされているこうたくんのするどい指摘にも感心してしまいました。

雨の日に傘をクルクル回したり、傘を楯にして風に向かって歩いたり、長靴で水たまりを歩いたり、自動車が走ってはねる水をよけたり、蜘蛛の糸に輝く水玉を発見したりと、雨の日は子どもたちにとって特別の日。雨の日はおうちで過ごすなんていうのは、頭の硬くなった大人の考え。子どもが「こんなことしてみたいなぁ」という気持ちに寄り添って毎日を過ごしてみると、忘れてしまったものや見えなかったものが発見できます。

「雨が降らないかなぁ」というこうたくんの小さなつぶやきが、耳に残っています。（内海裕美）

おおきくなったら なにになる？

ねえ　ねえ　みんな
おしえて　おしえて
おおきくなったら
なにに　なりたい？
なに　したい？

◎フランソワーズ［作］
◎なかがわ ちひろ［訳］
◎偕成社
◎2005年

診察室では、自分で少しお話できるようになった子どもには、保護者の方とだけでなく患者さん本人の子どもたちとお話して診療をすすめています。

「○ちゃん、おはようございます。○ちゃんは何歳ですか？」

3歳に近くなった子どもは覚え立てのピースサインで2歳であることを教えてくれます。3歳になるとしっかり3歳ですとお返事してくれます。3歳の子どもに「あなたは赤ちゃんですか？」と聞くと全員が違うと言いますが、「赤ちゃんとどこが違うのですか？」と聞くと答えられません（苦笑）。

でも、「大きくなったら何になりたいですか？」と聞くと、具体的な職業をあげたり、「ママと結婚します」などとかわいい答えをする子どももいます。4、5歳になると明日という概念がわかってきて、将来大きくなったらと考えられるようになるのでしょう。「ねえ　ねえ　みんな　おしえて　おしえて　おおきくなったら　なにに　なりたい？　なに　したい？」という素敵な書き出しで、問いかけられた子どもは、この絵本の世界にすっと入り込むようです。

待合室からこの絵本を読んでもらいながら「いなかってなあに？」「ふなのりってなあに？」と、お母さんに聞いている子どもの声がします。アメリカやイギリスがどこにあるのとか聞いている子どもはいません。漠然とどこか遠いところと解釈しているのでしょうか。「そうじゃなくて、キリンがいいな」とか、「さるが檻にはいってないよ」とか、子どもたちは絵をとてもよく見ています。

帽子屋さんのシーンでは「これは帽子を入れる箱よ」と教えてあげているママもいます。帽子を入れておく箱！　あまりふだんの生活では縁がありませんが、子どもたちはママの説明に納得している様子。写真やさんのシーンでは、蛇腹のついた写真機は珍しい様子。

お医者さんのページでは、往診風景が描かれていて往診かばんや薬の瓶、コップ、薬を飲むためのスプーンが描かれています。口をあけて舌を出している患者さんの女の子の絵、ほっぺが赤いのでりんごほっぺ病（伝染性紅斑）という病気で受診した未来ちゃん（仮名）がこの絵を見て、わたしとおんなじ！　と嬉しそうでした。

保育園で読むと、2、3歳児ならわからない言葉があると思うのですが、あまり質問せずに絵を見ながら言葉を理解できる様子も多く見受けられます。4、5歳児は、この絵本をきっかけにそばにいるおとなとたくさんおしゃべりをするのが好き。

そうかそうか、大きくなったら○○になりたいのね。そこで何を作るの？　それになってどこに行くの？　と、子どもが大きくなって○○になったときのことを想像して子どもたちにいろいろ教えてもらうのはとても楽しいです。

「うちの子、大きくなったら内海先生になりたいって言うんです」と、あるお母さんに言われました。「ありがとう、嬉しいわ。でもお医者さんにはなれるけど内海先生にはなれないのよ」と説明したら、少しがっかりしていた様子がとてもいとおしかったです。

絵本は子どもとおとなをつなげてくれる、子どもと世界をつなげてくれる、そして大人を子どもの世界に連れて行ってくれます。

「大きくなったらなにになる？」

この問いに答えるには、過去と現在がつながっていて、その上になりたいモデルが必要です。

なりたいモデルにたくさん触れる機会を子どもたちにたくさん示すことや、子どもの夢を支えることは、大人の役割です。

この絵本を読みながら、子どもの夢に耳を傾けている時間は、おとなにとって至福のときです。

（内海裕美）

Column

絵本が来た！？

親支援に

園医として保育園で読み聞かせを始めてから10年が過ぎました。絵本のなかの子どもたちの姿を子育て中の方に紹介して子どもの成長・気持ちを理解していただく機会も増えました。子育てに迷っている親が、絵本のなかの子どもたちをとおしてわが子の成長をあせらず見守ることができる助けになるのです。絵本の読み聞かせに心を奪われているわが子の姿に感動する親もいます。それが親子の読み聞かせのはじまりにつながる場合もあります。

『おこだでませんように』では、多くのお母さんが目頭を押さえています。怒られてばかりいる子どもの気持ちを目の当たりにして、毎日怒ってばかりの自分に気がつくこともあれば、怒られてばっかりいた自分の子ども時代と重ねることもあります。子どもを理解してもらうために、シャーロット・ゾロトウの絵本もよく利用します。

子どもの発達がわからないから焦る、気持ちがわからないから親子がすれ違う、こういったことが子育てを難しくしています。絵本は楽しいだけではなく、子育て支援にものすごく役に立つのです。

子どもと楽しい時間のために

ある日、1歳児クラスの部屋に置いてあった『わにわにのおふろ』を手に取って見ていたら、おやつを食べていたクラス全員の子どもたちがわたしをじっと見ているのに気がつきました。担任の先生が、このクラスの子どもたちの大好きな絵本なので、先生がもっていっちゃうのではないかと心配しているのかもと苦笑されました。「それでは、子どもたちに読ませてもらっていいですか?」とお願いして始まったのが、保育園での読み聞かせの始まりです。

毎週1回、このクラスにだけ継続的に読み聞かせを続けました。2歳、3歳、4歳、5歳……、だんだん長いお話を要求されるようになり、年長さんの最後には『おしいれのぼうけん』や『ダンプえんちょうやっつけた』を1回で終わりまで聞きいる姿に成長しました。

寝返りもおぼつかなかった0歳児が、秋にはよちよち歩きができるようになって、読み聞かせを始めると、自分のお気に入りの絵本をもってきて並んで待っている姿にも驚きました。こんな（とわたしには思えるような）絵本で大笑いすることやしっかり絵を見て楽しんでいること（読み手のわたしは字を読んでいるだけ）、そして、とても自由な発想をすることに感激し続けています。帰り際に、子どもたちの「また来て絵本読んでね～！」コールが、重たい絵本袋をもつわたしの足取りを軽くします。

ある日、年長さんが職員室までわたしを探しに来ました。そして、わたしをみつけたら、クラスに戻りながら「絵本が来た！」と大きな声でクラスに知らせに行きました。園長先生が「すみませんねぇ」とおっしゃいました。でも「絵本が来た！」は、わたしには最高の言葉でした。絵本の読み聞かせ、わたしが一番得をしているのかもしれません。

（内海裕美）

Column

小児科医と待合室と絵本

『ドアがあいて…』（作：エルンスト・ヤンドゥル、絵：ノルマン・ユンゲ／ほるぷ出版　1999年）という、おもちゃの病院の待合室が舞台の絵本があります。電球1つの殺風景な薄暗い待合室で、壊れたおもちゃたちが椅子に座って順番を待っています。最近はどこの病院も明るく清潔なので、この絵本のなかは一昔前の病院待合室といった感じですが、順番を待つ不安な気持ちは今も昔も変わらないでしょう。

　そんなイメージの待合室ですが、〝待合室は親子が絵本に出会う大切な場所です〟をテーマにした活動があります。名古屋市内で小児科医院を開業されている佐々木邦明先生が、2000年に開催された第10回日本外来小児科学会で「待合室の絵本」というワークショップ（WS）を立ち上げました。当初は、医療事務スタッフや看護師・保育士がメインの会でしたが、毎年WSを続けるなかで小児科医の役割の重要さに気づかれました。そこで2003年からは参加者を小児科医に絞ったところ、「小児科医と絵本」にかかわるさまざまな活動が報告されてきました。こうした仲間が全国各地から集まって、名古屋市の絵本専門店「メルヘンハウス」で編集会議を重ね、2005年に出版されたのが、『小児科医が見つけた えほん エホン 絵本』（「小児科医と絵本」の会 編著 医歯薬出版 2005年）です。このなかでは「待合室の絵本」のみならず、「診察室と絵本」「小児科医が読み聞かせる絵本」「お父さんと読む絵本」などが、微笑ましいエピソードとともに紹介されています。

　ぼく自身は、開業当初（2001年）は絵本に関心がなく、待合室のプレイルームにはテレビデオを設置し、ウルトラマン・仮面ライダー・アンパンマンなどのビデオがいつでも観られるようにしていました。絵本といえば、ディズニーシリーズと兼価版の乗り物図鑑や昔話絵本だけでした。それが、絵本に興味をもつようになり、2003年から「小児科医と絵本」のWSに参加し、全国から集まって来た絵本好きの先生方に刺激を受けて、幼稚園や保育所で読み聞かせを始めました。そして、テレビデオは故障したのを機に待合室から撤去しました。その代わりに、赤ちゃん絵本や『小児科医が見つけた えほん エホン 絵本』で紹介されている絵本を買いそろえました。絵本棚も表紙が見えるようにディスプレイできるものを購入しました。

　ビデオが無くなった当初は、残念がる子もいましたが、数ヵ月も経つとそんな声も聞かれなくなりました。そして、自然と絵本を読んだり、お母さんに読んでとせがむ光景が見られるようになりました。なかには、診察前に読みかけの絵本を、診察後に終わりまで読んでもらって満足した表情で帰る子どもの姿も。

　待合室で出会った絵本や読み聞かせの体験を、お家に帰っても、お父さん・お母さん、さらにはおじいちゃん・おばあちゃんと一緒に楽しんでもらえれば、こんなに嬉しいことはありません。

（住谷朋人）

essay

母とわたしの、HUGの時空

落合恵子

被災地の子どもに絵本を贈るプロジェクト「HUG＆READ」を立ち上げてほぼ9カ月。主宰するクレヨンハウス一店舗の活動ではあるが、2011年11月末現在、およそ10万6000冊の本を、それぞれの子どもたちに手渡せた。

並行して、店頭に一筆箋と筆記用具を置いて、「もし、よろしかったら、メッセージを」と呼びかけたところ、手製のポストに、日々メッセージが集まっていった。

「ALWAYS WITH YOU」。そう書いてくれたのは、近くのアメリカンスクールの子どもたちだ。同じ言葉を日本語で記してくれた大人もいる。「ALWAYS WITH YOU」は被災地のひとびとを思うときの、キイワードでもあるようだ。

「いま、あなたに伝えたいことは、ただひとつ。生きていてくれて、ありがとう」

「生きていてくれて、ありがとう」のところだけ、別の色の色鉛筆を使って書いてくれた人もいる。

これらのメッセージもコピーして、クレヨンハウスの倉庫発の「HUG＆READ」第一便のダンボール数十個は、道路事情を慎重に確認したうえ、2011年4月半ばに被災地に向けて出発した。

5月の連休が終わった頃から、避難所や学校、園などから、近況を伝える手紙や絵や写真が届くようになった。被災地の子どもたちに、被災地ではないところに暮らすわたしたち大人がむしろ支えられているような日々でもあった。

「HUG」は、言うまでもなく「抱きしめる」という意味である。

もっとたびたび、もっと長く、もっとゆっくりと子どもをHUGしてあげてください……。まずはHUG、である。そうして、少しだけ余裕ができるようになったら（何をして余裕とするかは別として、わたしたちにも「余裕」のためのお手伝いをさせてください）、子どもと大人、互いの体温を確かめ合える距離で、どうか絵本を開いてみてください。ただし、「そうせねばならない」と思わないでください。急ぐこともありません。「そうしたい」と思い、「そうすること」が許される時がきたら……。そんな思いをこめての、活動である。

この活動は年の暮れを迎えたいまも続けている。いまは、「孫たちの本です。クリスマスにこれらの本が被災地の子どもの手に渡りますように」といったメッセージと共に、北は北海道から沖縄まで、海外からもたくさんの絵本が届いている。

通常のルーティンワーク以外に、活動というこの仕事が増えて、週に一度か二度は倉庫に入って荷造りなどもしなければならない現状に、若いスタッフ（みな、わたしよりは若いのだ）は、積極的に取り組んでくれている。感謝している。

「冬は外で遊ぶより、家の中で遊ぶことのほうが多いかもしれませんから、このカルタも入れていいですか？　見本のぬいぐるみもいいですよね？」

と、カルタや人形をダンボールに忍ばせるスタッフもいる。

ありがたいと思う。思いつつ、これだけでいいはずはない、という焦燥感が心を打ちのめす。収束も見えない福島第一原発の暴走。地域によって放射線量はそれぞれ違うが、子どもたちはこのままでいいのか。廃炉に向けてのアクションにわたしもかかわっているが、果たしてこれだけでいいのか……。

答えの出ない迷路の中で、例年であるならオレンジ色を中心に紫や黄、白などのビオラがすでに咲き乱れているはずの小さな庭は、荒れ放題になっていく。「さようなら原発１０００万人アクション」に集まった現時点での署名の数を問い合わせ、「誰が１０００万と決めたの？　もし下回ったら、ブレーキがかかるのでは？」と落ち込む夜もある。

真冬の記憶

そんな夜、ふと思い出すのは、郷里の真冬。すっぽりとかぶった掛布団の端を少しだけ持ち上げてすっと身体を滑り込ましてきた、まだ若い母の姿であり、その息遣いだ。

いまのいままで母は水仕事をしていたのだろう。触れた手も足先も凍えるように冷たい。

頭のほうまで掛布団を引き上げて、敷布団の上に腹這った母と幼いわたしは寄り添って、互いの間に1冊の絵本を開く。

「むかし、むかし、あるところに」から始まる絵本の夜もあれば、本のタイトルは忘れたが、クリスマスに首に赤いリボンをつけてやってきた、耳の垂れた子犬と女の子を主人公にした絵本もあった。

家には柴犬がいて、この本を開くときは決まって、母は言うのだ。

「どうしようかなあ。チロ（わが家の柴犬）を呼ぼうかな。どうしようかな。どうしたい？」

冬の間だけは、裏庭の縁側近くの犬小屋から玄関の靴箱の前に敷いた古毛布の上に引っ越してくるチロの名前を母が出すのは、布団の中にチロを呼んでもいいよ、という合図だった。

子どものわたしは思いっきり掛布団をはねのけて、「寒いよー」という母を残して玄関に走る。こうしてクサリを外されたチロは冷たい廊下にカツカツという爪が当たる乾いた音を刻みながら、わたしより先に座敷に駆け込み、掛布団をあげて待っている母の隣に潜り込む。続いてわたしもあたたかな布団の中へ。

真ん中のいちばん暖かなスペースを占領したチロを挟むように、左側に母が頬杖、右側にわたしが頬杖をついて……。夜はまだまだ長い。

途中で、疲れた母が眠りこけてしまう夜もあった。と、代わりにわたしが絵本を読む番だ。読めない字もあったけれど、数えきれないほど母に読んでもらっていたので、すでに覚えている。チロを相手に、わたしが読み手となる瞬間。

わかったかな、とチロの顔を覗き込むと、チロは突然わたしの顔をぺろぺろと嘗め回し、思わず身体をよじるわたしの気配と笑い声で、母は目をさます。そうして決まって言うのだった。

「おかあさんにも、よんで」と。

そこでわたしは声をはりあげて、赤いリボンを首に巻いた子犬と女の子の話をそらで「読んでみせる」のだ。娘の言葉とその速度に合わせてページをめくっていく、母との共同作業。

外は北風。水仕事をしていた母の足先も温まる頃、たぶんわたしは幸せな眠りに落ちていったのだろう。気がつくと、朝になっていて、チロは玄関に、母は台所にいたのだから。

記憶のシェルターがある限り

母を自宅で介護していた日々、時々心に浮かんだのは、あの日々、あの冬の夜の光景だった。だから夜には可能な限り、時間的心理的余裕を半ば強引に作って、母のベッドサイドで絵本を開いたものだった。

見開きの絵をしっかり見つめる母の目。先を促すようにページの端に悲しいほど細くなってしまった指をかける母。最後のページにくると、ふーっと満足とも解釈できるため息をつく母。それから、ゆっくりと眠りに落ちていく母を見つめながら、わたし自身も、ジェットコースターのような介護の日々の中で、束の間のHUGの時間を漂うことができた。

絵本や「読み聞かせ」の効用については、どなたかが書いてくださるだろう。が、こういった記憶のシェルターがある限り、わたしはなんとか生きていけそうな気がするのだ。この非情な時代を。

第4章

家庭で読み聞かせたい絵本

第4章の作品

くんちゃんのだいりょこう

ピーターのくちぶえ

風が吹くとき

岸辺のふたり

天使と話す子

いつでも会える

14ひきのさむいふゆ

バーバパパのなつやすみ

だいじょうぶだいじょうぶ

おかあさん、げんきですか。

悲しい本

ラブ・ユー・フォーエバー

こんとあき

じゃあじゃあびりびり

たまごのあかちゃん

くだもの

おつきさまこんばんは

もったいないばあさん

くまのこうちょうせんせい

バムとケロのもりのこや

すてきな三にんぐみ

わたしのワンピース

ぐりとぐら

ぐりとぐらのあいうえお

どろんこハリー

もぐらのムックリ

はじめに

選書のポイント

滝口俊子

　第4章に取り上げる本を選んで執筆したのは、子育て経験者や子育て支援に専門的に携わっていて、子どもと子どもの本が大好きな方々です。家庭において、親や、祖父母、年長のきょうだいによって読んでもらったり、子ども自身が手にとって楽しい！　と心の躍る本、さらに子どもたちがふと考える本が並んでいます。家庭において子どもたちと共有したい本は、他の章にもあります。本書に取り上げられなかった本で、ぜひ親子で読んでほしい本もありますので、親子で本屋さんや図書館へ気軽に立ち寄ってくださることを、期待いたします。

　家庭で本を読むとき、まず大切なことは、本を通して子どもたちに伝えたいと思う大人の気持ちです。子どもたちはさまざまな体験を通して育っていますが、本に親しむことは子どもたちの心を豊かにし、脳を活性化します。読み聞かせているうちに、子どもは読んでほしい本を自分で選ぶようになります。本を通して子どもの関心を広げたり深めたりするばかりでなく、自主性をも育むことになるのです。

　身内のことを話すことを、お許しください。

　私の姉は、小児科の医師をしながら、2人の子どもを育てました。残念ながら、子宮癌のために、働き盛りに世を去りました。子どもたちの幼いころ、姉が最も心を配っていたことは、良い絵本を与えることでした。夜、寝ながら読み聞かせるときの子どもたちの反応をヒントに、本を選んでいました。博士論文執筆中の忙しい日々に、時間を見つけ出して絵本を読むことは努力を要したと思いますが、親子でのひとときが、子どもの関心を広げただけでなく、知的能力や性格にも影響を与えました。姪は医者に、甥はパイロットになりました。ふたりともユーモア豊かで、国際的に活躍しているのも、幼い日々の読書の経験が影響していると思います。

　私は、心理臨床という心の問題を抱えた方々と、その解消に立ち向かうという仕事に取り組んでいます。重苦しい問題に押し潰されそうな方々が、暗闇の先に光を見出されたとき、ユーモアが湧いてくるようになります。ユーモアのある方は、問題が苛酷であっても、耐え抜く力があります。ホスピスにかかわられた柏木哲夫先生も、死に逝く患者さんとの交わりのなかに、ユーモアの意義を見出しておられます。

　知的能力や知識、体力は、のちの教育によって学習することが可能ですが、ユーモアは、幼い日々に親しく交わる家庭でこそ身につくのです。絵本を愛する家庭のユーモアが、幼い子どもの人生に影響を与えます。

　子どもたちが生きる基盤を身につける幼い日々、絵本はなくてはなりません。絵本は、心の栄養とも言えるのです。

　ひとり親家庭は、時間を見つけるのが難しいでしょうが、工夫をして、絵本を楽しんでください。

くんちゃんのだいりょこう

ある日、
おかあさんぐまと　おとうさんぐまと
子ぐまのくんちゃんが
さんぽにでかけました。
「さむくなってきたねえ」

◎ドロシー・マリノ［文・絵］
◎石井桃子［訳］
◎岩波書店
◎1986年

大学の教員と臨床心理士、絵本の読み聞かせをしている図書館勤務の方、合わせて6人で、月に1回絵本を読む会をやっています。つまりはおとなになった自分たちのための絵本お楽しみ会です。毎月、1人が1冊紹介するのですが、6人6様に絵本が紹介されます。古典を読んだり、最近作を読んだり自由です。

自分たちのためというのは本音ですが、それだけではなく講演依頼の際に、最近は絵本を使ってすることが多くなりましたので、この会で話し合うことがとても役に立ちます。絵本を使う講義は思ったよりも好評なので驚いていますが、絵本にはたくさんの叡智があるからでしょう。

絵本を読んでもらう子どもは視覚と聴覚をとおして空想し、感情体験をしています。やがて子どもたちは1人で楽しむことができるでしょう。しかし、絵本の読み聞かせには、母（父）と子ども、おとなと子どもという関係のなかで、しかも人生のなかでごく短い時間にしかこの関係を経験できないのですから、子どもにとっては至福の時間なのではないでしょうか。

絵本を読んでもらうことができた子どもたちは本当に幸せなのではないかと思います。この度の大震災で避難してきた母親と子どもに絵本を読んだとき、じっと絵本を見つめていた子どもたちの目を思い出します。

おとなが子どもに読んであげてほしい代表的な本の1冊が『くんちゃんのだいりょこう』です。主人公である小熊のくんちゃんは、渡り鳥のように南の国へ行きたいと両親に頼みます。お母さんは反対しますが、お父さんはくんちゃんに帰り道の目印を教えて、送り出します。家が見える丘の上まで行って、そして必要な物を取りに家に帰ってくることを繰り返すお話です。

くんちゃんは走って丘を登りますが、丘の上で後ろを振り向くとお母さんが手を振っています。お母さんにさようならのキスを忘れてきたことを思い出し、丘をおりてキスをしてまた登ります。鳥たちは向こうに小さく見えるだけですから、双眼鏡がいると思って、家に取りに帰ります。

双眼鏡をお父さんから借りてお母さんにキスをしてまた丘を登ります。釣り竿、水筒、麦わら帽子と丘へ登るたびに思いつくので、何回も家に取りに帰ってきます。取りに来た物を全部身体に付けて丘を登るころには、よろよろとして足取りは重く、あくびが出始めます。とうとう眠くなって家に帰って少し休んでくることにしました。そしてベッドに入ってそのまま冬眠にはいるというお話です。

必要な物を取りに帰るたびに、お母さんにさようならのキスをして、物が1つひとつ増えていく様子は、不思議なおかしさがあります。絵は落ち着いた青と黒だけにおさえられていて、冬眠前の静かで冬の到来を肌で感じることができます。話の内容も活発で元気な行動というよりは、お母さんや保育者が静かに読んで味わう内容になっているといえましょう。

家の前の丘の上までというのは小熊にも両親にも家と外との境界線上で、安心と少しはらはらする2つの感情が重なり合う場所のようです。振り向いてお母さんが手を振っているところを見たくんちゃんが、さようならのキスをするのを忘れたと気がつくところなどは、眠りに入るときの子どもの安心感と母親の満ち足りた感情があいまって、絵本の読み手にゆったりとした気持ち、平穏さをもたらすことでしょう。穏やかで母子の幸せな感情の交流が生ずるひとときです。先を見通して旅に出ることを許し、見守る父の存在もすてきです。

冬眠からさめた小熊は一回り成長し、やがて1人で生きる旅に出かける前触れもすでにこのテーマにはあります。穏やかな、安心したなかに、やがて訪れる親離れと子離れのときが来ることを予感させる絵本です。

（橘 玲子）

ピーターのくちぶえ

◎エズラ・ジャック・キーツ［作］
◎きじま はじめ［訳］
◎偕成社
◎1974年

キーツは黒人の少年を主人公にした絵本がないことに不満をもっていて、『ゆきのひ』『ピーターのいす』と、ピーター少年の絵本を世に出しました。ニューヨークの下町の図書館で黒人の少年が『ゆきのひ』を読んで、ぼくのことが書いてあると喜んだそうです。

『ピーターのくちぶえ』は、5歳くらいになったピーターが主人公です。ピーターは年上の男の子が口笛で犬を呼ぶ姿を目の当たりにして、自分も口笛をふいて愛犬のウィリーと遊びたいと思います。しかし、何度挑戦してもふけません。悔しさと思いどおりにいかない腹だたしさをたっぷり味わいます。

いくら明るい黄色で描かれていても、少年の哀しさはちゃんと伝わります。道路にあった空き箱の中でふきまくりますが、そう簡単にはふけません。ウィリーが箱の側を通ったとき、ピーターの口笛が鳴りました。読み手もほっとします。

次の頁には両親の前で得意満面のピーターが口笛をふきます。誇りに満ちた顔のすてきなこと。まさに努力をした後の自尊感情が息づく瞬間です。そして幼年から少年にステージが変わるひとこまでもあります。（橘 玲子）

風が吹くとき

ジムとヒルダは、
年金暮らしの典型的なイギリスの老夫婦です。
戦争のじゅんびで、
家の中にドアを斜めにたてて、シェルターを作りました。
でも、風がふき（原爆が落とされ）、
水も電気もガスも使えなくなりました。
のどがかわき、気分が悪くなり、髪の毛が抜け……

◎レイモンド・ブリッグズ［作］
◎さくま ゆみこ［訳］
◎あすなろ書房
◎1998年

うちの娘たちに最も読ませたくなかった絵本は『わるい本』（アランジアロンゾ著、ベネッセ社）でした。読ませたくないから、こっそり本棚の片隅に隠すのですが、娘は見つけ出してはベッドの横に並べるのでした。そういうやり取りが数回続いて諦めた頃に、娘は飽きたのか、その絵本を本棚にしまいました。

これから紹介する『風が吹くとき』は、そういう意味では一度も娘のベッドに並べられたことはありません。では読んだことはないのかと娘に聞くと、「読んだ」と言います。「でもあれは怖すぎる」。そういう本です。

絵本は子どもたちに夢を与える、と言いますが、夢には怖い夢も、ハラハラドキドキする夢も、うっとりする夢も、悲しい夢も、いろいろあります。絵本もそれを読んでいる時に、嬉しかったり悲しかったり、ドキドキしたりワクワクしたり、いろいろな気持ちを体験できるから素晴らしいのです。人間が感じる感情はいろいろですから、絵本もいろいろな体験をさせてくれるのが良い絵本です。悪い本も、怖すぎる本も、その意味では良い絵本と言えるかもしれません。

あとがきによると、『風が吹くとき』はご存じイギリスのマザー・グースの歌からタイトルを引いています。「坊や、ねんねよ樹のこずえ、風が吹いたら、ゆりかごが揺れる。枝が折れたら、ゆりかごが落ちる、坊やも、ゆりかごも、みな落ちる」……どうですか？

日本の子守唄と同じように、マザーグースの歌も本当は怖い歌ですよね。それもそのはず、これは人間、とりわけおごり高ぶった人間に対する警鐘としての意味が込められているからだそうです。

物語は、平和に暮らす田舎の老夫婦の会話からはじまります。そこに政府からの報告があり、戦争がはじまり、彼らは核シェルターを作って身をかくします。が……そこに原爆が落ちます。爆発のあと、恐る恐る出てみると、水も、電気も、牛乳配達も止まっています。彼らはいずれ政府が何とかしてくれるだろうと信じ、それまでの辛抱だと思って、これまでどおりの日常生活に戻ろうとします。

けれども、やがて放射能が彼らの身体をむしばんで……。そういう本です。

　絵本の読者は子どもたちだけではありません。それを子どもたちのために読んであげる、おとなたちのための本でもあります。おとなである私たちは、この本を読んで何を考えるべきでしょうか？　政治のことも、戦争のことも、原爆や原発のことも、私たちは本当に考えてきたのでしょうか？　知らなければならないこと、考えなければならないことを、私たちはブロッグズ夫妻より、ちゃんと考えてきたのでしょうか？

　この本を子どもたちに読んで聞かせて、「怖すぎる！」と子どもたちが泣いたときに、「いや大丈夫なんだよ」と、安心させてあげることができるのでしょうか。それができないからといって、この本を本棚から隠すのでしょうか？　そんな本ほど、彼らは自分で見つけ出して読むというのに……。

　物語に出てくるブロッグズ夫妻。彼らは決しておごり高ぶった人間ではありません。むしろ純朴に謙虚に毎日を必死で生きている人たちです。ところがそこに風が吹いたら、何もかもがいっしょくたに落ちてしまいます。樹の上の揺りかごでまどろんでいる……おごらずとも、私たちはいつの間にか危険な樹の上で、安逸をむさぼっているのではないでしょうか？　これはよその国のお話でしょうか？　絵本で語られている、ありえないお話でしょうか……？

　この本は30年前の1982年の出版当時、イギリス議会で議員全員に配られ、サッチャー首相も読んでみたいと言われた絵本だそうです。こんな時代だから、こんな日本だから、あえて取り上げてみました。最後に娘のコメントを。

「ヒーローとか誰も助けに来ないの？　救いがないじゃん」

　そういう本です。

（高石浩一）

岸辺のふたり

◎マイケル・デュドク・ドゥ・ヴィット［監督］
◎2000年

　家族の話で大活躍するのはいつもお母さんです。お母さんが助けてくれる、お母さんが優しく包んでくれる、お母さんが遠くで見守ってくれる……。そんなお母さんの役割にいつも嫉妬していたお父さん。あなたが子どもたちに読んであげるのはこの本です。いや、読んであげる必要もありません。何しろこの絵本は、もともとDVDだからです。

　物語はアコーディオンの音楽と自転車に乗る父と娘の姿からはじまります。土手の上でふたりは離ればなれになります。その後、人生の折節にふれて幾度となく土手を訪れる娘。すれ違う人は未来や過去の娘たち。娘は自らも家庭を築き、子どもたちも夫もやがて巣立ち、再び１人になります。

　ずっと自分を運んでくれた自転車にももう乗れず、土手の上に立った娘は、時を経て干上がった浜辺に初めて降り立ちます。分け入った草むらのなかに父を運び去った船を見つけ、横たわって思い出に包まれます。やがて目覚めた娘は……。

　DVD を見せた後、わが家の娘はいいました。

「ま、パパはいつもおらんしな……」

　そう、お父さんはいつも家に居てうっとおしがられるより、折節思い出されるくらいがよいのです。父と娘は、この世の果てで結びついているのですから……。

（高石浩一）

天使と話す子

クリスタは
わたしがすることを　するのがすきなの
わたしがいうことを　いうのもすきなの
クリスタは
私のいうこと
ちゃんときこえているの。

◎エスター・ワトスン［作］
◎山中康裕［訳］
◎ＢＬ出版
◎1999年

『天使と話す子』との出会いは、私の研究仲間であり、日々、特別支援にかかわられるI先生から、「自閉症の子どもたちとかかわるときの大切なイメージ作りに欠かせないもの」として紹介されたことからでした。

熱く語られるI先生のお話のなかで、I先生のご同僚であるY先生が、授業でこの本の読み聞かせをしたところ、自閉症の生徒さんたちが、口々に「天使を見た！」「ぼくも！ぼくも！……」「私も見た！」と言われたそうです。私にとって、このエピソードは、とても印象的でした。私も是非読んでみたい！と、すぐに購入し、『天使と話す子』の世界に惹きこまれていきました。

主人公のクリスタは、彼女独特のユニークな世界をもっています。クリスタに優しく語りかけ、クリスタと同じ世界を見ようと試み、母のようにやさしく見守る姉が、この絵本の作者エスター・ワトスンです。『天使と話す子』は、妹クリスタへの贈り物として創作したものです。

クリスタは、姉がいうことをまねするのがだいすき。自分のいうことを姉にまねしてもらうのもだいすき。まわりのことも、なんでもちゃんときこえていて、心のなかでお返事しているけれど、声に出さない。姉のほおに手をあててふれあったり、子猫にほっぺたをすりつけるしぐさは、とてもいとおしい。

いやな音や声には、耳をふさぐ（嫌だというサイン）。だれかが泣いていると泣いてしまったり、何かをしていても、ほかの何かがクリスタのなかに飛びこんできてしまったら、そちらに気持ちがいってしまいます。

まわりの人には、わかってもらえないことがたくさんあります。クリスタのユニークな世界を、姉は「天使と話すことができる」と、ステキなことばで表現しています。

自閉症の世界を理解し、つきあっていくためには、純粋な心とやさしさ、愛情、根気強さが必要だと思います。エスター・ワトスンは、クリスタへのいとおしさを、絵と文にこめて表現しています。満身の愛情をもってクリスタと向き合っています。クリスタの世界は、こんな色ではないか、こんな感じに世の中が見えているのではないか……。1つひとつのことばに、1枚1枚の絵に、クリスタに「あなたの世界はこんな感じ？」とやさしく語りかけているようです。

「天使と話すことができる」とは、この本の帯に書評を記された故・河合隼雄先生のおことば「魂の輝きの素晴らしさ」であり、まっすぐ純粋に生きる魂がなせるわざなのだと思います。クリスタはじめ自閉症の方々は、成長するにつれて私たちが忘れてしまうピュアな心を教えてくれているのかもしれません。

教室のなかには、いろいろなお友だちがいます。おうちに帰り、お母さんに今日あった出来事をお話しする子どもたち。なかには、「○○ちゃんって、お話できないの」「△△くんは、まねっこばかりするの」「□□ちゃんって、いつもひとりでだれかとお話してるの」と、そのお友だちと遊びたいのに、お友だちをもっと知りたいのに、うまくいかないことが起こっているかもしれません。

お母さんも一緒に理解していけるように、ぜひ、お子さんと一緒に、おうちで読んでほしい1冊です。

（佐藤仁美）

いつでも会える

◎菊田まりこ［作］
◎学習研究社
◎1998年

ある日、突然、大切な人が目の前からいなくなる。永遠に……。「なんでかな？」……。

『いつでも会える』は、主人公の犬のシロの目を通して、死別のテーマを取り上げています。お話は、シロと飼い主のみきちゃんの楽しい時間からはじまります。ある日突然、みきちゃんがいなくなってしまい、シロにはそれが理解できません。「なんでかな？」と、シロはあれこれ思いをめぐらします。あるとき、シロの心のなかでみきちゃんの声が聞こえてきます。

「……そばにいるよ。いつでも会える」

心のなかでいつでもみきちゃんに会えると知ったシロは、元気を取り戻していきます。

生と死の問題は、絆が強ければ強いほど、心のおき場所・おさまる時間を要します。大切な人の死は、頭では分ったとしても、なかなか心がついていけません……。シロは、そんな心の部分を純粋に、せつなく浮き彫りにして、読む人に語りかけてきます。

２０１１年、大震災・津波・台風被害などで、多くの尊い命が奪われました。深く刻まれた痛みとともに、大切な人といつでも会えるこころを、大切に生きていきたいと思います。（佐藤仁美）

14ひきのさむいふゆ

かぜが　なる、 ゆきが　まう。
さむい　ふゆ。
すとーぶ　もえてる、
あたたかい　へや。
みんなで
なに　つくってる？

◎いわむら かずお［著］
◎童心社
◎1985年

『14ひきのさむいふゆ』は、いかにも寒そうな吹雪、冷たい北風が吹きすさむ場面から始まります。でも、14ひきの住む家のなかは、ストーブに置かれたやかんから湯気がたち、ろうそくが灯っています。その暖かさや灯りにほっとします。子どもたちは、お父さんと一緒に家のなかで楽しめるゲームを作ったり、おじいさんと一緒にそりを作ったりしながら静かに過ごします。台所では、おばあさんやお母さんと一緒におまんじゅう作り。吹雪のなかでも、子どもたちは、大人の愛情や知恵に支えられ、それぞれが思い思いに、でも互いに気づかいながら穏やかに過ごしています。

その様子を見ていると、音が聴こえてくるようです。やかんの湯気の音。おじいさんやいっくんが動かすのこぎりの音。お母さんがかまどで火をおこす音。とっくんが動かすおもちゃのトラックの音。

吹雪がやみ、陽が射してきて、そり遊びをする後半の場面も好きですが、私は、なぜか前半の場面に惹かれます。吹雪のなかでも家族と一緒にいることの安心感、楽しさや温かさがあふれているようです。

大好きなこの絵本は、幼稚園に勤めていた時に、何度も子どもたちに読んできました。もちろん、わが子にも繰り返し読みましたが、孫娘が2歳近くになったころ、そろそろどうかしら？と読んでみたのです。

孫娘は、今まで見ていた絵本と少し雰囲気が違うのか、はじめはあまり反応がありませんでした。それでも、読みすすめていくうちに、おまんじゅうを食べる場面に興味をしめしました。私が、「おいしそうね」「おまんじゅう、食べてるね」と言うと、彼女も同じように言います。私がおまんじゅうをつまんで食べるふりをすると、一緒に食べるふりをします。彼女が特に気になったのは、そりに乗っていたよっちゃんが草のなかに入りこんでしまうところと、にっくんとごうくんとなっちゃんが転んでいるところでした。「ここにいるね～」「転んじゃったね～」「痛いね～」と、何度も言っていました。

彼女が『14ひきのさむいふゆ』の私の大好きな世界を堪能したかというと、決してそうではないでしょう。そりが転がる場面のあとは、パタッと絵本を閉じて、私のひざから降り、何ごともなかったかのように傍にいた父親のもとに走っていきました。

　そんな孫娘でしたが、2歳を過ぎた頃から、わが家に遊びにくると、本棚からこの絵本を選ぶようになりました。ページをめくるたびに、この時期特有の「これ何？」「この人、何してるの？」を連発し、母親がていねいに答える様子がありました。ある日、1人で『14ひきのさむいふゆ』の絵をじっと見ていたのです。私は、その横顔を見て、たまらなくうれしくなりました。彼女が、幼いなりに『14ひきのさむいふゆ』の世界に魅せられていることを感じたからです。絵の世界にすいこまれるように魅せられていくこれこそが、この絵本の大きな魅力でしょう。

　担任をしていた学級の子どもたちやわが子が、絵本の1ページ1ページを長い時間見ている姿を何度も見てきました。子どもたちは、絵の世界に魅せられるうちに、「お家、あったかそう！」「おじいさん、優しいね」「お母さん、とっくんのこと抱っこしてる！　寝ちゃったね」「いっくんは大きいから、みんなのそりを作っているのかな？」「さっちゃん、きっとそりがこわいのかも！」など、さまざまなことを言います。14ひきのそれぞれが夢中になっていることや家族を想いながらしていることがあり、それぞれのストーリーがあります。子どもたちは、きっとそのことを感じているのでしょう。孫娘も、もしかしたら、それを感じ始めたのかもしれません。

　実は、この絵本の文章は、ごくわずかです。しかも、ことさらに、家族の安心感や楽しさを強調しているわけではありません。それでも、読む人にそれを感じさせる絵本なのだろうと思います。

（榎本眞実）

バーバパパのなつやすみ

◎アネット・チゾン、タラス・テイラー〔著〕
◎山下明生〔訳〕
◎講談社
◎1995年

　陽気でユーモアいっぱいのバーバパパの家族。遊ぶのが大好きで、夏休みの南の島のバカンスに大はしゃぎ！　思い思いに、実に楽しそうに遊びます。

　でも、7人の子どもたちはケンカを始めると大変！　いきなり怖い顔に変わって悪口を言い合ったり、一緒に遊ばなかったり……。ペンキだって、めちゃめちゃに相手にかけ始めます！

　家庭でも幼稚園でも、「ケンカはしないの！」「物を投げてはいけません！」などと言われ続けている子どもたちは、バーバララやバーバモジャたちのケンカの様子に目を丸くします。「いけないんだよね……」と言いながらも、何だか楽しそうにその場面にくぎづけになっていきます。もしかしたら、自分たちはなかなかできないようなケンカを思い切りするバーバララやバーバモジャたちが、うらやましいのかもしれません。

　そんなケンカの様子を、バーバパパとバーバママは余計なこと？　は言わずに、「おやおや」「あらあら」という表情で見ています。いつものように2人でぴったりと寄り添いながら、子どもたちが仲直りできるのを待っているかのようです。

　バーバパパとバーバママののんびりとした温かいまなざしのなかで、7人の子どもたちがのびのびと奔放に楽しく過ごす日々に、たまらなく惹かれる1冊です。

（榎本眞実）

だいじょうぶ だいじょうぶ

ぼくが　いまより　ずっと　あかちゃんに　ちかく、
おじいちゃんが　いまより　ずっと　げんきだったころ、
まいにち　いっしょに　おさんぽ。
なにがあっても　おじいちゃんは
「だいじょうぶ　だいじょうぶ」

◎いとう ひろし［作・絵］
◎講談社
◎1995年

この絵本と最初に出会ったのは、小児科の待合室でした。息子が小さかったころ、熱を出して連れて行った病院の待合室で、名前を呼ばれるのをじっと待っているときに、息子が絵本の棚から「読んで」ともってきたのが、この絵本でした。

息子を抱っこしてその本を息子のひざの上にひろげて小さな声で読んでいたら、診察室から名前を呼ばれて最後まで読み終えず、そのときは棚にもどしてしまいました。でも、「だいじょうぶ　だいじょうぶ」というフレーズとほのぼのとしたやさしい絵は、とても印象に残っていました。

次にこの絵本と再会したのは、別の本を探しに本屋さんに行ったときです。たまたま通りかかった絵本のコーナーに、堂々とレイアウトされてかざってあったのです。早速、手にとって残りを読んでみると、おじいちゃんに「だいじょうぶ、だいじょうぶ」と励まされていたぼくが、「こんどは　ぼくの　ばんです」と病床に伏せっているおじいちゃんを、「だいじょうぶ　だいじょうぶ」とはげましているではありませんか。

小さなぼくが、立派に心やさしいぼくに成長していました。立ち読みしながら、ぐっと涙がでそうになるのをこらえ、他の本と一緒にレジにもっていき、購入しました。そしてわが家の絵本の仲間入りをしました。

当時、読んでもらっていた子どもたちがどう感じていたかはわかりませんが、読んでいた私自身は、「だいじょうぶ　だいじょうぶ」というこのフレーズを口にする度に、心が静かに落ちついていくのを感じました。そして、おまじないのように、この言葉を繰り返していくうちに、こころの底から力が沸きおこってきて、いつのまにか心が晴ればれとしてくるのでした。この絵本がそこにあるというだけで、本を開かなくても、心が落ち着き、私を励ましてくれていると思うようになりました。

私は、子どもの頃、母が仕事をしていたので、同居していたおばあちゃんに育てられま

おかあさん、げんきですか。

◎後藤竜二［作］
◎武田美穂［絵］
◎ポプラ社
◎2006年

　この絵本は、全国の子育て中のお母さん、これから子育てをするお母さん、子育てを終わったお母さんにもぜひ読んでもらいたい１冊です。

「母の日なので、てがみをかきます。おもいきって、いいたいことをかきます。」

　表紙のとびらに書いてあるこのフレーズと、クレヨンのなぐり書きで描かれている小さなお母さんが、ぼくの顔をギロッとにらみつけている絵をみたとたんに、この絵本の世界に一瞬で引きこまれてしまいます。ぼくの素直な気持ちが、テンポのよい文章と力強い絵で生き生きと語られています。

　小学４年（１０歳ころ）の男の子が、実は、こんなに頼もしくて、こんなに母のことを思っているということがわかるだけでも、母たちにとってはどんなにうれしいことでしょう。

　最後の最後まで、期待以上の展開で、読み終わった後には、とてもさわやかな気持ちになりました。最後のページで、やさしそうな母の姿が描かれているところは、舞台裏をこっそりのぞかせてもらったような得な気持ちがして、思わずにっこりとしてしまいました。たった5分で、子育てがんばろうとストレートに思える、母への励ましの１冊です。

（日永田美奈子）

した。その祖母は明治生まれで、しつけに大変厳しい人でした。この絵本に出てくるような、おおらかですべてをつつみこむようなおじいちゃんとはまったく違っていて、祖母にはいつもきつくしかる人、という印象しかもっていませんでした。

　小さいときの私は、かなりの心配症でいつも何かにどきどきびくびくしていました。そして、そんな私に、祖母はいつも力強く「だいじょうぶ　だいじょうぶ」ときっぱりと言ってくれていたことを、この絵本に出会って、懐かしく思い出すことができました。やさしい言い方をする人ではなかったけれど、やさしくなかったわけではなかったと、おとなになってようやく気がつきました。

　現在、スクールカウンセラーとして勤務する学校の相談室にも少しだけ絵本が置いてあります。動物の本やほのぼの系の本にまざって、この絵本もおいてあります。この本を見つけて「同じのが家にもある」というだけの生徒さんもいれば、手にとってソファーに腰掛けてじっくりと読む生徒さんもいます。その様子を見ていて、幼い頃にだれかに「だいじょうぶ　だいじょうぶ」と言ってもらえた体験があるといいな、と思ったり、今だれかに「だいじょうぶ　だいじょうぶ」と言ってもらいたいのかな、などと思いをめぐらせています。

　この絵本を読むと、昔だれかに「だいじょうぶ　だいじょうぶ」と言ってもらったことを思い出し、あたたかな気持ちになれるでしょう。たとえ、今まで、だれからも言われたことがなかったとしても、「だいじょうぶ　だいじょうぶ」とこの本があなたに語りかけてくれることでしょう。そして、今度は、あなたがだれかに声をかけたくなるでしょう。「だいじょうぶ　だいじょうぶ」と。

（日永田美奈子）

悲しい本

誰にも、なにも話したくないときもある。
誰にも。どんなひとにも。誰ひとり。
ひとりで考えたい。
私の悲しみだから。
ほかの誰のものでもないのだから。

◎マイケル・ローゼン［作］
◎クエンティン・ブレイク［絵］
◎谷川俊太郎［訳］
◎あかね書房
◎2004年

私には４人の子どもがいます。

大学生になった一番上の子どもが赤ちゃんだった頃から、絵本の読み聞かせはいつも私の子育ての軸でした。

でも、母親として、臨床心理士としての役割のなかで心を使うめまぐるしい年月を積み重ねてくると、いつの間にか、絵本は何より私自身の癒しの源であり、生きる支えにもなっていることにふと気が付きます。『悲しい本』も、そんな〝支え〟の1冊です。

私は5年前に自分の母親を亡くしましたが、喜びも悲しみも常に共に分かち合ってくれていた大切な存在を亡くしたその悲嘆の苦しみは、いまだ癒えることはありません。母を亡くしてからの日々は、私は自分のなかの何かがこわれ、何かが死んでしまったかのように感じてきました。

『悲しい本』のなかの〝私〟も、最愛の息子エディを亡くし、その悲しみといっしょうけんめい向き合っています。そしてやはり、以前の自分とは違う、混乱した自分に気が付いているのです。

「悲しみとは何ものか？」

答えのないこの問いに、この苦しみに、〝私〟は消え失せたい感情にもかられています。

私にも、鏡の前で無理に笑顔を作ってみても、次の瞬間、本音の、寂しさ・悲しさ・そして虚しさに満ちた顔がふと映し出されてくる、といった感覚がよくわかります。

私も、時には〝私〟と同じように、大声で叫んでみたり、むちゃくちゃなことをしてしまいたくなります。

この作品に出会ってから、私は、自分の悲嘆に共感してくれる友を得たような気持ちになりました。小学校4年生の次女は、末っ子でもあって私と一緒にいる時間が長いため、私の奇妙な様子に戸惑いを感じることも多かったことと思います。

娘にこの本を読んであげると、娘は、母親である私の姿と絵本のなかの〝私〟とを重ね合わせ、この数年間の、母親の異変にも合点が行き、共に大粒の涙を流してくれました。

　中学生・高校生になっている上の子どもたちにも、リビングで聞こえるように読んであげていると、大切な祖母との死別の経験と、母親の落ち込みを見てきた経験、心のなかで渦を巻いていたさまざまな感情を、絵本と共に少し整理したり、再び感性を刺激されたり、深い思いをそれぞれ抱いたようでした。

　絵本の展開の終わりは、〝私〟の、「ろうそくがなくてはね」というセリフと、複数の人たちとろうそくの立てられたバースディケーキがいくつも描かれています。この複数の人たちは、〝私〟が人生のなかで愛してきた、共に誕生日を祝ってきた、かけがえのない人たちであるのでしょう。わが家の子どもたちとも、この場面を共に味わって、1回1回の家族の誕生日を、大切にお祝いしたいね、とかみしめたものです。

　絵本のラスト、〝私〟は1人で大きなろうそくの火を見つめています。このろうそくの火は、〝私〟の、深い悲しみを産み出した深い「愛」であり、人生の大切な軌跡であり輝きであるように感じます。

　失った悲しみが深いということは、それだけその人を深く愛したということ、愛という魂のなかのともしびは、何があろうとも取り去られることはありません。私も、自分のなかの、この愛というともしびを、亡き母親からの最大の贈り物として燃やし続け、わが子たちに丁寧にバトンタッチしていきます。

　人生とは、苦しくてつらい喪失体験の連続です。でも、この前に「人生とは、愛し愛される深い出会いの連続である」という大切な真実があります。このことをこそ、まずはいつも心に留めておきたいものだと思います。

　愛し愛されて生きる豊かな経験は、死別を越えて永遠のつながりを人の心にもたらしてくれるものとなることでしょう。

（末次絵里子）

ラヴ・ユー・フォーエバー

◎ロバート・マンチ［作］
◎梅田俊作［絵］
◎乃木りか［訳］
◎岩崎書店
◎1997年

　ここには、“母親の愛”というものの深さと真実が、見事に表現されています。

　母性は、すべてを受け入れるもの、わが子の良い面と悪い面、育児の大変さも、何もかもひっくるめて“愛しい”と感じる魂のことだと思います。

　この絵本のなかで育つ男の子と同様に、わが家の子どもたちも、自分が母親の愛に常に守られて生きてきたことなど気付くこともなく、自分の力だけで大きくなったような、自分本位な言動、横柄な態度が時に見え、がっかりしてしまうことがあります。でもきっと、無意識のなかに愛はきちんと浸透していっているのだと、この作品は感じさせてくれます。

　この浸透している愛は、子どもがやがて親になったとき、その子育てのなかで表れてくるものなのでしょう。

　母性という無条件の愛のなかに包まれて育った人は、自然に、優しくあたたかい母性の世界をバトンタッチしていくことができます。

　赤ちゃんを産んだお母さんが、「アイ・ラヴ・ユー　いつまでも　アイ・ラヴ・ユー　どんなときも」と、常にリラックスして歌い、自然な母性を育んでいくことができるよう、母子の関係性を大切に支えていく社会共同体の実現を、さらにめざしていきたいものだと思います。

（末次絵里子）

こんとあき

ぬいぐるみのこんは　あきとなかよし。
あきがうまれたときから、
ふたりはいっしょです。
こんのうでが　ほころびてしまいました。
「さきゅうまちにかえって、おばあちゃんになおしてもらってくる」
こんとあきは、きしゃにのりました。

◎林 明子［作］
◎福音館書店
◎1989年

　娘が2歳半のとき、アメリカ合衆国に転居することになり、彼の地で2年半過ごしました。現地の教育事情などさっぱり分からず、当時は、いつまでアメリカで過ごすことになるのかも分からず、とにかく、家庭では日本語をしっかり話して、読んで、聞かせていかなくては……と思い、それまで親しんでいた絵本や、この先、楽しめそうな絵本をたくさんもっていきました。この本は、そのなかの1冊です。私の母から贈られたものでした。

　アメリカで住んだ家は日本人も多い地区にあり、日本語だけでも生活できるのではないかと思ったほどでしたが、娘が入った現地の幼稚園は、まるっきり英語の世界。幼稚園のなかで歌われる歌も、読み聞かせる絵本も、もちろん英語でした。娘も幼児なりに苦労をして、幼稚園の生活に慣れていき、少しずつ英語の歌らしきものを歌ったり、片言の英語を話したりするようになりましたが、やはり外国語というものは「だいたい分かるのだけれども、どこか分からないところがある。どこか引っかかるところがあるけれど、やり過ごすしかない」というものだったのでしょう。家に帰って、日本語の絵本に親しむ時間は、娘にとって、ほっとくつろげる、耳から入ってくることばを存分に理解し味わい楽しめる時間でした。

　『こんとあき』は、娘が2歳頃から読み聞かせていたでしょうか。2歳の子どもには、ちょっと物語が長くて難しいかなあとも思いましたが、林明子さんの描く、ちょっとレトロな、柔らかなタッチの絵が、子どもの目をしっかり引き付けていました。

　「こん」はきつねのぬいぐるみです。「あき」が生まれるとき、あきのおもり役として、おばあちゃんのところからやって来たのです。あきが大きくなるにつれて、こんはだんだん古くなり、ついに腕がほころびてしまいました。「さきゅうまちにかえって、おばあちゃんになおしてもらってくる」というこんに、あきは、「わたしもつれてって」と頼みます。そして2人の冒険が始まります。

ぬいぐるみのはずなのに、１人で歩いて、おしゃべりをし、「このきしゃにのるんだ。あきちゃん、ぼくについてきて」と、あきを先導するこん。なぜか、おいしい駅弁のことを知っていて、停車中に買いに出かけるこん。

とても不思議なはずなのに、そのような不思議さを微塵も感じさせず、本当にごくありふれた日常のように物語は進みます。そういえば、娘も、アメリカで生まれた息子も、読み聞かせていて、「ぬいぐるみなのに、なんで歩くの？」などと尋ねてきたことがありません。子どもの世界では、現実と非現実の境界は、自由に行ったり来たりするものなのでしょう。

汽車のドアにこんのしっぽが挟まれたり、ようやく着いたさきゅうまちの砂丘で、こんが犬に連れ去られたり、〝事件〟も起きます。大変な目にあっても、こんは「だいじょうぶ、だいじょうぶ」と繰り返して、あきに心配をかけまいとがんばります。

一方、さきゅうまちに着くまで何かとこんに頼っていたあきは、犬に連れ去られたこんを一生懸命に探します。砂山のてっぺんで、「こーん！」と呼ぶあきに合わせて、娘も息子も「こーん！」と一緒に呼びました。そして、探し出したこんをおぶって、あきはおばあちゃんの家をめざします。互いを思いやるこんとあきの姿が胸に沁みます。そして、無事におばあちゃんの家にたどりつき、おばあちゃんにしっかり抱きとめられます。

２歳頃には難しかった物語も、こどもの年齢が上がるにつれ、「こん」と「あき」の冒険にはらはらしながら楽しめるようになっていきました。そして、いつのまにか「守る」方が「守られる」方へ、「守られる」方が「守る」方へ、さりげなく変化していくことに、親の私も自分の姿を重ねています。

（亀井洋子）

じゃあじゃあびりびり

◎まつい のりこ［著］
◎偕成社
◎改訂版
2001年

「ふみきり　かん　かん　かん　かん！」

わが家の子どもが一番好きなページです。

上のお兄ちゃんのときもそうでしたが、この絵本を読むときは気持ちがはやるようで、次々とページをめくりたがります。今はなんでもかんでも「にゃんにゃん！」と指さししながら発音するかわいらしい時期ですが、１ページ１ページ、反復する部分を抑揚をつけて読み聞かせると、目を輝かせて真似しようとします。

何度も繰り返される言葉が赤ちゃんの五感を刺激するのでしょうか。実際に紙を破りながらびりびりびり、水を流しながらじゃぁじゃぁじゃぁ、掃除機かけてぶぃーんぶぃーんぶぃーん、お散歩中にわんわんわん、にゃんにゃんにゃん。絵本と同じ世界を再現してあげると、大喜びしながら一生懸命真似します。

まだ踏切を見たことのないわが子ですが、実際の踏切の音を聞いたら、大興奮する様子が目に浮かびます。

「わんわん」「にゃんにゃん」など、赤ちゃんが初めて話すママに続く言葉がたくさん出てくるこの絵本は、赤ちゃんの言葉の発達にも一役買ってくれるのではないかと思います。　（橋爪京子）

Column

親子で読みたい本

家庭で読みたい本のシリーズとして、『子どもの心理臨床』全9巻（18冊）が、誠信書房から発刊されました。不安や恐怖、強迫観念を抱く子どもたち、感情を抑圧した子ども、弱いものいじめの子ども、大切なものや自信を失った子ども、怒りや憎しみにとらわれている子ども、夢や希望をもてない子ども、愛する人を待ちわびる子どもなど、さまざまな子どもについて、9冊の絵本と解説が書かれています。絵本の翻訳者は、子どもの遊戯療法の経験豊かな臨床心理士の森さち子さん、解説は小児科医の関口進一郎さんです。

子どもたちの保護者の方々はもちろん、教育や保育の現場の先生方や臨床心理士などの専門職にも、参考になります。シリーズなので、家庭では購入しにくいかと思いますので、ぜひ、子どもと保護者の集まる図書館や学校などに揃えてほしいと思います。

臨床心理学者で文化庁長官をつとめられた河合隼雄先生の晩年の本、小学館発行の『河合隼雄の〝こころ〟──教えることは寄り添うこと』には、親子で読みたい本のリストが掲載されています。児童書編と絵本編が載っていますので、子どもの本の関係者、保護者にとって参考になりましょう。河合先生は、子どもの本の解説を書かれる予定でしたが、天国での仕事に呼ばれてしまわれました。

子どもたちが家庭で保護者に見守られつつ人生の厳しさを知ることは、大いに意味があります。子どもには悲惨すぎると心配しないで、人生で出会うさまざまな試練について書かれた本を、家庭でこそ、親や祖父母、年長のきょうだいによって読み聞かせたいものです。

子どもたちが望む前におとなたちが与えすぎる弊害も、知っていたいものです。高価な本を揃えて飾っておくだけでは、子どもは関心をもちません。すべてのことに〝時〟が大切であるように、その本と子どもの出会いのときにも、関心を向けていたいと思います。

親が子ども時代に体験しなかったこと、できなかったことに、わが子をとおして出会うことは、親自身の人生も豊かにします。せっかくわが子と生活できるのですから、子どもと過ごす苦労や工夫や楽しさも体験して、独身時代とは違う生活をしたいものです。

子どもと本を共有することは、おとなの世界を広げてくれます。親子での交流を、豊かに体験するために、絵本は、その媒介になってくれます。

（滝口俊子）

Column

予期できる安心感

私は家庭で読み聞かせるのに適した絵本13冊を選ぶことになっていましたので、まず、絵本研究の専門家に乳幼児期に読み聞かせたい絵本をあげてもらいました。１００冊ほどがあがってきました。さらに、乳幼児をもつ母親１００名余を対象に質問調査を実施しました。子どもが好きな絵本を1位から3位まで3冊ずつあげてもらい、それぞれの絵本のどのようなところを子どもは好きなのか、どのようなときに読み聞かせをしているのか、そのときの子どもの様子はどうか、といったことを問うた調査です。

その調査のなかで、何人もの母親から「すでに何十回も読んで、子どもが完全に暗記している絵本をもってきて『これ読んで』というのはどうしてなのでしょう?」という感想が寄せられていました。たしかに、子どもが大好きな絵本というのは、何回も何回も読んでもらっているので、ほとんど暗記しているでしょう。新奇な刺激を求めがちな子どもが、どうして暗記するほど知り尽くしている絵本を読んでもらいたがるのだろうというのがお母さんたちの疑問です。

もちろん、その絵本のストーリーが気に入っているとか、その絵本のなかでしょっちゅう出てくるあるセリフをとても気に入っているというようなこともあるでしょうが、子どもが暗記するほどよく知っている絵本を読んでほしがる最も大きな理由は、「予期できる安心感」です。「この次はこうなる」と子どもが予期するとおりに話は進んで行きます。これが子どもにとってはたまらない魅力なのです。

子どもはおとなと違って先を予期することが苦手です。おとなは今日一日だけでなく、近い将来、遠い未来をある程度予期しながら生活しています。予期できるから安心して生活することができるのです。ところが、経験の少ない子どもにはこれがかなり難しいことなのです。ですから、暗記している絵本のように、自分の予期どおりになることが子どもに大きな安心感をあたえるのです。

1日の日課がある程度安定していることも、子どもの予期能力を高めますし、安心感をもたらします。お昼寝の後にはお散歩に行って、少しお家で遊んだら夕食になって、夕食の後にはお風呂で、そして就寝というように日課が安定していますと、次の活動が予期できて、そのとおりになりますので、子どもは安心して生活できるのです。

しつけの一貫性も大事です。これをすると叱られる、これをするとほめられると予期できると、子どもは安心して生活できます。子どもに「予期できる安心感」を与えるために、同じ本をせっせと読んであげてください。

（繁多　進）

たまごのあかちゃん

たまごのなかで　かくれんぼしてる
あかちゃんは　だあれ？
でておいでよ
ぴっぴっぴっ
こんにちは
にわとりのあかちゃん
こんにちは

◎神沢利子［文］
◎柳生弦一郎［絵］
◎福音館書店
◎1993年

「たまごのなかで　かくれんぼしてる　あかちゃんは　だあれ？　でておいでよ」

最初に、たまごが3つ並んでいます。そして、ページをめくると、「ぴっぴっぴっ　こんにちは　にわとりのあかちゃん　こんにちは」と、ひよこが3羽生まれてきます。ページをめくる度に、たまごの中からいろいろな動物のあかちゃんが登場するという、単純な繰り返しが魅力的な絵本です。

　動物の表情が愛らしく、色使い鮮やかに柔らかなタッチでのびやかに描かれた絵は、見ているだけでも楽しい気持ちにさせてくれます。子どもにとって身近な存在である「たまご」が物語の中心になっているという点も、この絵本の人気の秘密かもしれません。

　赤ちゃんから楽しむことができる絵本です。おとなが楽しそうに歌ったり、リズミカルに読んだりすると、あかちゃんは絵本の世界に入りやすくなるようです。あかちゃんによっては、歌のリズムに合わせて、まるで踊るように体を揺さぶり、全身で楽しみます。おとなにとっては、そのようなあかちゃんの表情やしぐさを追いかけるのも、楽しみの1つになります。また、ただ絵本を読んで終わりにするのではなく、「たまごのなかで　かくれんぼしてる　あかちゃんは　だあれ？」の掛け声で一緒にかくれんぼをすると、さらにあかちゃんは喜びます。

　3歳くらいになると、子どもは一緒に歌ってくれる他、「でておいでよ」と声を揃えたり、動物のあかちゃんの鳴き声を真似たり、たまごの中から出てくる動物のあかちゃんに「こんにちは」と挨拶したりして、自ら声に出して楽しむようになります。また、当てっこが好きな子どもは、たまごが並ぶ場面を見る度に、「次は、へびだ」「ぺんぎんだよ」というように、次のページを待ちきれない様子で声をあげます。

　さらに、子どもは、絵本の絵をじっと見つめながら、さまざまなことを指摘するようになります。たとえば、たまごの数だけあかちゃんが生まれてくると思っているのに、「かめのあかちゃんはたまごの数より1匹少ないよ」と言ったり、「大きなたまごと小さなたまごがあるんだね」「たまごから出てきたばかりのぺんぎんのあかちゃんは体が灰色で違う動物みたいだ」など、自分が発見したことを嬉しそうに教えてくれたりします。赤い背景に大きなたまごが1つ描かれている場面では、それまでと違う空気が流れていることを感じ取るようで、出てくる動物は「ぞうかな?」「きょうりゅうかな?」と興奮していました。

　このように、子どもは、ただ聞くだけではなく、積極的に絵本の世界にかかわり、自分なりの方法を見つけて楽しみます。特に、声に出すといつの間にか愉快な気持ちになってしまうのが、この絵本の醍醐味だといえるのではないでしょうか。おとなひとり子どもひとりで読んでも良いですが、大勢で読んでも楽しいです。また、家での絵本の読み聞かせはお母さんによって行われることが多いようですが、この絵本はお父さんが子どもと読むのにも適していると思います。

　簡潔な文章はこの絵本の大きな魅力ですが、活字通りに読まずにアレンジすることもありました。たとえば、「たまごのなかで　かくれんぼしてる　あかちゃんは　だあれ?　でておいでよ」という文章はそのまま読み、「誰が出てくるかな?」と子どもに聞きます。子どもが「ひよこかな」と答えると、ページをめくり、「そうだね、ひよこだね。じゃあ次に行くよ」というように物語を先に進めるのです。

　絵本を見て、子どもの表情を確認して、そのときの状況に応じて語りかけたり歌ったりすることで、自分たちだけの絵本の読み聞かせを作りあげていくと良いと思います。生きたことばを交換しながら、遊びごころを大切に、子どもと元気よく読みたい絵本です。

（高原佳江）

くだもの

◎平山和子［作］
◎福音館書店
◎1981年

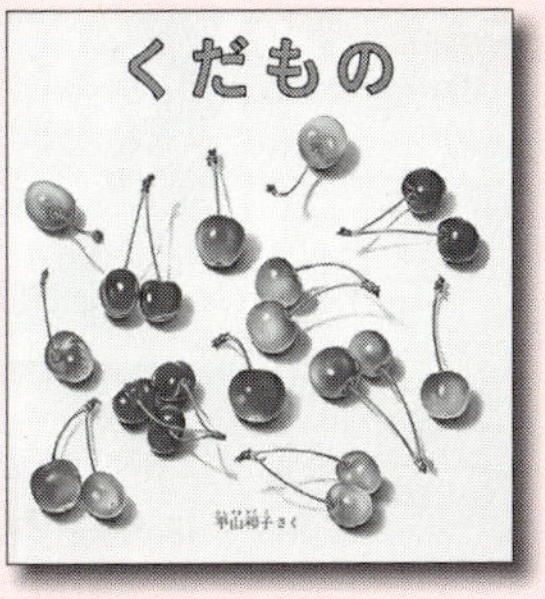

　母が幼稚園の先生だったため、家にはたくさんの絵本があり、小さいころから一緒に絵本を読んだり、寝る前に読んでもらったりしていました。そのため、子どもが生まれてからもいろいろな本を一緒に読んできましたが、なかでも子どもたち３人が盛り上がる本を紹介したいと思います。

　この『くだもの』という本は、いろいろな果物が美味しそうに書かれており、皮があるものは皮がむかれ食べられるような絵も出てきて、とにかく美味しそうなのです。上の娘が赤ちゃんのときには、美味しそうなのか手をのばし、本を一生懸命触ろうとしている姿がよくみられました。それを見て私は果物を手で取るまねをして、口にもっていってみると、もぐもぐと口を動かし、にっこりしてくれました。そのため、この動作が絵本を読むときの定番になりました。

　娘が少し大きくなると、「美味しい」「もっと」など、ことばが出てくるようになり、「秋はなしだね」など、季節によって旬があることも学ぶことができました。今では、下の双子ちゃんたちに、私がやってあげていたように果物をいっぱい食べさせてくれています。

　小さい子どもから幼児になっても読める本だと思い、大好きな１冊となっています。　（高久仁美）

おつきさまこんばんは

よるに　なったよ
ほら　おそらが
くらい　くらい
おや　やねのうえが　あかるくなった
おつきさまだ

◎林 明子［作］
◎福音館書店
◎1986年

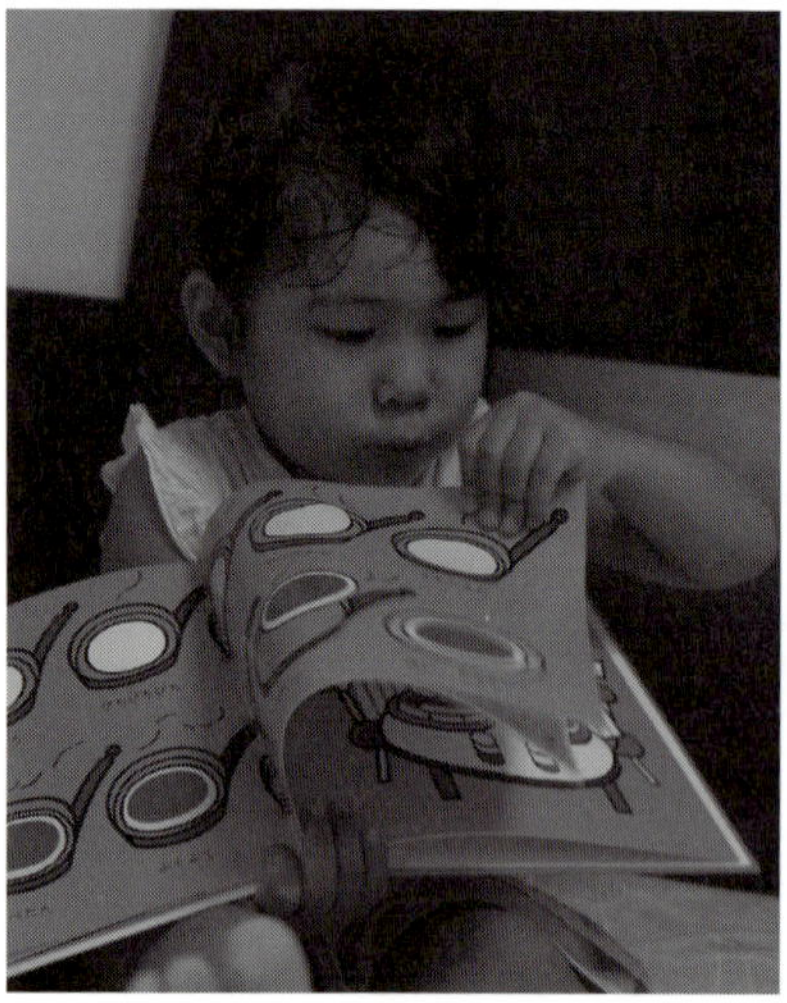

わが家に待望の女の赤ちゃんが誕生しました。私たち夫婦にとって、初めてむかえる赤ちゃん。かわいくて毎日あきずにながめたり、話しかけたりしていました。そんななか、赤ちゃんの娘に、毎月おばあちゃんが絵本をプレゼントしてくれるようになりました。

赤ちゃんのころからの絵本の読み聞かせ。情報として「良いこと」という認識はありました。しかし、生後数カ月の娘に絵本を読んでみても反応は少なく、何の意味があるのだろうかと、半信半疑でした。

娘が1歳の誕生日をむかえたころ、絵本を自分でめくるようになったものの、ページをめくるのに夢中で内容はそっちのけ。読んであげても集中できずに、すぐ別の遊びにむかってしまいました。当時の私は、本当に絵本を読むことは大切なのだろうかとやはり疑問に思っていました。

そして、娘が1人であんよができるようになったころ、おばあちゃんから届いたのが『おつきさまこんばんは』でした。この絵本はなぜだか集中して聞いてくれました。自分で絵本を取り出して私のひざにちょこんと座ります。「おつきさまこんばんは」と、2人で一緒に読みはじめます。

おうちの屋根に2匹の猫。青い夜空に、黄色いやさしい顔をしたおつきさまが出てくると、お空がポッと明るくなります。そんなおつきさまを、雲がやってきて覆ってしまいます。かなしい顔のおつきさま。雲はやさしい顔のおつきさまとお話をしたかったのです。

雲がいなくなると、おつきさまはさらにニコニコのやさしい笑顔でママと子どもをむかえてくれます。歌をうたうような、小気味良いリズムのある文章。単語をおぼえはじめた娘に、自然とことばが入っていきます。読み手の私としても、テンポよくやさしく読むことができました。

お話がおわり、裏表紙のひょうきんな顔のおつきさまをみて、2人で「アッカンベー」と話をしめます。でも「もういっかいっ」と、娘の合いの手が入り、またはじめから読みはじめます。このころは、二度三度と読み返していました。

保育園の帰り道、うす暗くなった空に月が出ます。「おつきさまだよ」とおしえると、「こんばんは」と、娘がいいます。ときに月に雲がかかっていると、「だめだめくもさん、どいて」ということもありました。道行く人にも「こんばんは」と、あいさつが上手になりました。

赤ちゃんから成長した娘は活発で、新米ママの私はその成長についていけず、戸惑っていたのだと思います。遊ぶ、歌をうたう、話しかける、何にしてもどこかぎこちなく、娘に対する接し方に、私自身も違和感をおぼえていました。自然に娘と遊ぶことができる夫がうらやましく思うこともありました。どうしたら母親らしくなれるのだろうか、模索しながら日々を過ごしていました。

それが、この絵本を一緒に読むことにより、娘の反応を楽しみ、本をとおしてのかけひきや、会話を楽しみ、さらに絵本の世界をとび出して、実生活でも会話のきっかけを作ってくれました。気がつけば、娘と自然に接することができるようになっていました。

2歳半になった今では絵本が大好きで、いろいろな絵本を親子で読んでいます。絵本からたくさんのことを吸収して、さらに活発に自分の世界を広げていく娘。私にとっても絵本を読む時間は、娘とのコミュニケーションの場となり、娘の意外な反応に成長を感じる大事な時間になりました。絵本の内容は、生活のいたるところで今でも会話の芽になってくれています。

はじめは、絵本を読んで聞かせることに疑問をもっていた私ですが、絵本を娘と一緒に読むことで娘の世界が広がるだけでなく、私を少し「母親」に近づけてくれました。やさしい顔のおつきさまが「親子」の関係をつくるきっかけを私にくれたように思います。

（清水えみ子）

もったいないばあさん

◎真珠まりこ［作・絵］
◎講談社
◎2004年

「ママ、お水がもったいないよ」

当時２歳の娘に、水道の水を止められました。一緒に手洗い・うがいをしていたときのことで、娘の発言にビックリして声が出ませんでした。

“もったいない”……いつか娘に教えたい言葉でしたが、物があふれている現代、何をどのように伝えたら子どもも理解してくれるのか、考えていたところです。

翌週、本屋で絵本を選んでいると、娘が１冊取り出して朗読していました。「くしゃくしゃにしてまるめたかみ、もったいなーいといってくるよ」

「……!!　見せて！」

娘が読んでいたのは、『もったいないばあさん』。フムフム、これだ！　いつも絵本は吟味して買うのに、珍しく即購入。布団のなかで毎晩の日課の読み聞かせをしたところ、「もったいないことしてないかい」と、娘も笑いながら声を出して読んでいました。どうやら保育園で覚えてきた様子。私ももったいないの精神に気付かされたこともあり心が洗われ、「もったいないばあさん、ありがとう！」と、心のなかで泣きながら感謝しました。

３歳となった娘は、今では「もったいないばあさんが来ちゃう」と、お茶碗に残ったごはん粒をおはしで１つひとつ取って食べ、満足そうに「ごちそうさまでした！」。ママの心も満腹です！

（塚脇裕美子）

くまのこうちょうせんせい

「おはよう！」

まいあさ、くまのこうちょうせんせいが、
げんきに　むかえてくれます。

「おはようございまーす！」

「おはようございまーす！」

あるひ、こうちょうせんせいが、にゅういんしてしまいました。

◎こんの ひとみ［作］
◎いもと ようこ［絵］
◎金の星社
◎2004年

わが家の4歳になる娘が通っている保育園では、毎週絵本の貸し出しを行っていて、たくさんある絵本のなかから毎週2冊借りています。そのなかで特に娘のお気に入りの『くまのこうちょうせんせい』は、頻繁に借りる本の1冊です。

　本を読み聞かせるのは主に就寝前で、わが家の娘に対するお約束――寝る前にトイレに行くこと、歯を磨くこと、お布団に入ること――ができたら、ご褒美としてベッドのなかで絵本の読み聞かせを始めます。就寝前に読み聞かせるので、絵本のお話の内容やイラストは刺激的ではないものを選んでいます。それゆえ、『くまのこうちょうせんせい』はお話のハートフルな内容とあたたかな〝癒し系〟のイラストが就寝前の読み聞かせの1冊にぴったりで、読み終えた後、娘は心が休まる様子でぐずることなく眠りに入り、安らかな寝息をたてて眠ってくれます。

　先日、娘と同じ歳のお友だちのお宅にお邪魔した際、会うのが久々で恥ずかしかったせいか、娘とそのお友だちはお互いよそよそしくて一緒に遊ぼうとしなかったのですが、そのお宅の本棚に『くまのこうちょうせんせい』があるのを娘が見つけ、読んでほしいと私にせがんできました。聞けば、そのお友だちも『くまのこうちょうせんせい』は大好きな絵本のなかの1冊とのこと。そこで私はお友だちも交えて『くまのこうちょうせんせい』の朗読会を始めました。

　大きな声を出すのが苦手なひつじくんが、山の上で倒れたくまのこうちょうせんせいを助けようと勇気を出して大声で助けを求める場面になると、娘たちは一緒になって「たすけてー！　こうちょうせんせいがたいへんだー！」と大声で叫んでいました。その後すっかり打ち解けた娘とそのお友だちはずっと「くまのこうちょうせんせい」ごっこをして盛り上がっていました。

　最近では、娘はひらがなの音読がゆっくりですができるようになりました。自分で絵本を読めるのが楽しいようで、読み聞かせをする機会が減りつつあるのですが、『くまのこうちょうせんせい』を読み聞かせしているとき、生徒のひつじくんが入院をしてしまったくまのこうちょうせんせいに宛てた手紙のページにさしかかると、その場面がお気に入りの娘は私に代わって読みたがります。他の絵本を読み聞かせしているときもお気に入りの場面では自分で音読したがります。どうやら、娘は自分のお気に入りの場面を音読することにより、さらにそのお話の世界に入り込むことができるようです。

また、一人っ子の娘は家庭では両親以外遊び相手がいないので、私たちが相手をしてやれないときは人形やぬいぐるみ相手に自分が母親役になって絵本の読み聞かせごっこをしています。その様子をこっそり見に行くと、私がいつも読み聞かせをしているのを娘なりに真似て行っていました。

最近は親からの虐待によって小さな尊い命が失われるという悲しいニュースが跡を絶ちませんが、将来、娘がお母さんになったときも子どもにやさしい気持ちで絵本を読んであげられる女性になってほしいと願ってやみません。

（藤澤由美子）

バムとケロのもりのこや

◎島田ゆか［作・絵］
◎文溪堂
◎2011年

この本のストーリーは、バムとケロが森のなかに古い小屋をみつけ、そこを秘密の隠れ家にしようと、せっせと小屋を修理したり掃除したりするお話です。

バムとケロのほかのシリーズにも共通しているのは、絵が細かく小さな発見がいろいろとあるところだと思います。子どもに読み聞かせながら、子どもが気づいていない小さなしかけ（？）を発見し、おとなも心躍らせて読めます。

３歳の娘との絵本タイムは、寝る前の時間です。２歳半頃から絵本を楽しむようになり、寝る前は必ず、娘に３～４冊好きな本を選ばせて読むのが習慣になっていますが、気に入った本は、何日も何カ月もリピートして読んでいます。『バムとケロのもりのこや』も数カ月、ほぼ毎日読んでいて大好きです。

まだ字が読めなくても好きな本はストーリーを覚えて、自分で読めるようになっています。「子どもってすごい！」と思ってしまいます。娘の好きなところは、バム＝お母さん、ケロ＝子ども（自分）と置き換えて読んでいるところで、ケロちゃんのいたずらを見つけて「みて～」と、嬉しそうに言ってきます。ケロちゃんがもっているおもちゃやマフラーなど、自分もほしい♪と思ってしまうようです。

（山本友紀子）

すてきな三にんぐみ

あらわれでたのは、
くろマントに、くろい　ぼうしの
さんにんぐみ。
それはそれは　こわーい、
どろぼうさまの　おでかけだ。

◎トミー・アンゲラー［作］
◎いまえ よしとも［訳］
◎偕成社
◎改訂版
1977年

「ママ、これにする。これを借りる」

当時4歳だった息子が図書館で手にした絵本が『すてきな三にんぐみ』でした。

息子と図書館へ行くと、一度に10冊程度の絵本を借ります。5冊はいろいろな出版社などで公表している「子どもの年齢に合ったおすすめの絵本」を参考に、私が選びます。残りの5冊は、息子に好きな絵本を選ばせます。どんな絵本を息子は選ぶのだろうかと、毎回楽しみにしています。

一体息子は、どんなところに魅かれて絵本を選んでいるのでしょうか。大抵は表紙を飾る絵や色のインパクトが強いものが気にいって、手に取っているように思います。まさに、『すてきな三にんぐみ』も、そうでした。

そして、この『すてきな三にんぐみ』は、私も小学校低学年のときに表紙の黒帽子と真っ赤な斧のコントラストが好きで、学校の図書室で何度となく読んだ懐かしい絵本でした。

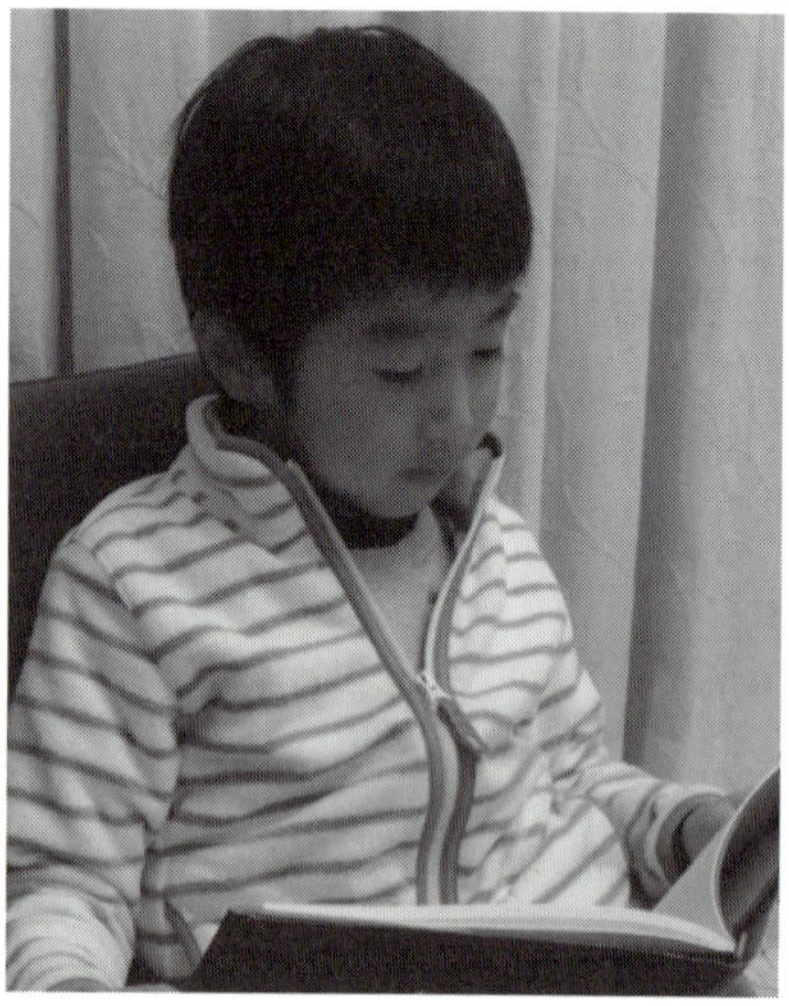

30年の時を経て、再び出会えた絵本。しかもその本を息子が選び、私がわが子に読み聞かせるという何ともいえない喜びと幸せを味わうことができました。それも、長く人々に愛され、読み継がれてきた名作と呼ばれる絵本がもつ醍醐味なのかもしれません。

三にんぐみは、恐ろしい山賊です。表紙をはじめ絵本のなかのほとんどが、黒やグレーで描かれたうす暗い夜のお話です。そんななか、山賊の3つの道具である「ラッパじゅう」「こしょう・ふきつけ」「おおまさかり」は、真っ赤で目に鮮やかで、とても印象に残ります。テレビの戦隊物が大好きな息子にも、この道具は格好よく映ったに違いありません。

夜になると獲物を探し、道具を使って馬車を壊し、人を脅かして奪った宝を、山のてっぺんの隠れ家へ運ぶ三にんぐみ。子どもながらに怖くはないのかと、読み進めながら心配しましたが、息子はドキドキしながらも目を輝かせ、山賊のお話の世界に夢中です。

ティファニーちゃんという孤児に出会ってからの山賊は一変。盗んだ宝でお城を買い、国中の孤児を集めて一緒に暮らします。心温まる結末に意表をつかれながらも、ほっとしました。

わが家の場合、子どもと絵本を楽しむのは寝る前の布団のなかがほとんどなので、ドキドキしながらも、最後はホッとするお話だと、その後、親子ともども安心して眠りにつくことができます。

息子には、毎晩繰り返し読んでとせがまれ、図書館に返してはまた借りるということを、何度も繰り返した『すてきな三にんぐみ』は、息子にとっても私にとっても、心に残る大切な絵本です。

そして、この思い出が、お互いの心にずっと残り、子どもが大きくなって、たとえ反抗期を迎えようとも、私たち親子の心の奥でつながっていてほしいと切に思います。

現在、6歳になった息子は、依然として戦隊物が大好きです。今になって思うと、少し怖いけれど、最後は世のため、人助けをする「三にんぐみ」は、息子にとっては大好きな戦隊物のヒーローと一緒だったのだと思います。

将来、息子が親になったときに、息子の子どもが『すてきな三にんぐみ』を手にして、今度は息子が読み聞かせる側になったら、どんなに感動するだろうと、素敵な再会を想像して、今からワクワクしています。

最近では、息子もひらがなを読めるようになり、たどたどしくも自分で絵本を捲って読むことも多くなりました。楽になったなと思う反面、親子で肩を寄せて読む時間も残りわずかかと思うと、寂しくもあります。あと何冊、どれだけ子どもと絵本のなかの世界を共有できるのかと思うと、絵本も時間も無駄にすることなく大切にしていきたいと、改めて思います。


（柴 恵子）

わたしのワンピース

◎にしまき かやこ［文・絵］
◎こぐま社
◎1969年

初めて娘に読んであげたのは、３歳の頃でした。すぐに夢中になり、毎日毎日就寝前に読んでとせがまれるようになりました。かわいらしい絵と無地のワンピースがお花、水玉、草の実、小鳥、虹、夕焼けへと次々と変化していく展開が娘の興味をひいたようです。

最初は「お花のワンピースがかわいい！」「小鳥のワンピースを着てお空を飛びたい！」などと話していましたが、だんだん「小鳥じゃなくて、蝶の模様でお空を飛びたいなぁ」というように自分なりに考えて、話をするようになりました。

何度も読むうちにこのワンピースがあったら楽しいねという子どもの素直な感想に、親である私も童心にかえって、「ママはこんな模様のワンピースがほしいなぁ」と、一緒に話しながら絵本の世界を楽しむようになりました。

絵本ってこんなに楽しいものなんだと改めて気づかされました。また「ラララン　ロロロン」と繰り返される文章がとてもリズミカルで、声に出して読むととても心地好く感じられます。

心にも耳にも心地よい「わたしのワンピース」。ぜひ子どもと一緒に楽しんでほしい１冊です。


（荒田孝庫）

ぐりとぐら

のねずみの　ぐりと　ぐらは、
おおきな　かごをもって、
もりの　おくへ　でかけました。
すると、みちの　まんなかに
おおきな　たまごが　おちていました。

◎なかがわ りえこ［作］
◎おおむら ゆりこ［絵］
◎福音館書店
◎1967年

「不朽の名作」という言葉がぴったりのこの1冊は、おそらく誰もが幼い頃に一度は手に取ったことのある作品ではないかと思います。私自身も小さい頃に大好きだったこの絵本は、「いつか子どもを授かることがあれば、是非、わが子に読んであげたい」と、ずっと願ってきた、とても大切な1冊です。

念願が叶って娘を授かり、生後2カ月くらいからずっと、夜の寝かしつけタイムに読み聞かせを行ってきました。もちろん最初は喃語しか話せず、絵本に対する反応も薄いものでしたが、大きくなるにつれ、徐々に、彩り豊かな『ぐりとぐら』の世界に目を輝かせて反応するようになり、そんな赤ちゃん時代を経て、もうすぐ2歳を迎えようとする今では、自分から「これ読むの！」と、本棚から『ぐりとぐら』をもってきては、私の膝に座ります。ほとんど暗記してしまっているほど、何度も読み聞かせたこの本のなかで、特に娘が喜ぶ場面が数カ所あります。

まず1カ所目は「僕らの名前はぐりとぐら　この世で一番好きなのは　お料理すること　食べること」のあとに、「ぐりぐらぐりぐら」と続くこの場面です。この「ぐりぐらぐりぐら」の部分をリズムに乗せて、テンポよく、節をつけるように読んであげると、娘も一緒になって嬉しそうに「ぐり！　ぐら！　ぐり！　ぐら！」と口にします。2人でしばらく、一緒になって大声で「ぐり！　ぐら！　ぐり！　ぐら！」と大笑いしながら叫んで、その音の響きを楽しんだあと、ようやく次のページに進みます。

次に娘が好きな場面は、「道の真ん中に大きな卵が落ちていました」という場面です。ちょうど前のページが「道の真ん中に……」と思わせぶりな終わり方をしているので、「何だろうね？　何があったのかな？」と興味を煽っておいて、おもむろに次のページをめくり、「うわぁ!!　大きな卵!!!」と大袈裟に驚きます。すると娘も「うわぁ!!!!　たまご!!!　大きいねえ！」と目をまん丸にして、ビックリしています。

次の、とっておきの場面はやはり、この物語の一番の山場である、ぐりとぐらが大きな卵を使って作った大きなカステラを、森の動物たちみんなが集まって、みんなで仲良く食べる場面です。

このページには、たくさんの動物たちがカラフルに描かれていることもあり、順番に「ライオンさんもいるね！　あ、ここにはモグラさんもいる！　この小さいヘビさんみたいなのは、とかげさんって言うのよ」と、1つひとつの動物の名前を教えつつ、じっくりこのページを楽しみます。すると娘も夢中になって、絵本の大きなフライパンのなかにあるカステラをつまんで、口に運ぶしぐさをします。もちろん、わたしも娘と一緒になって、絵本のなかのカステラを「美味しいねえ」と言いながら、口に運ぶ真似をして楽しみます。

そしていよいよ最後半の、「残ったのは大きな卵の殻だけでした」と、ぐりとぐらが卵の殻で車を作って帰途につく場面も、娘がとても喜ぶ場面です。一緒になって「ガタンガタ～ン！」と言いながら、ぐりとぐらと一緒に、卵の殻で作った車に乗っているような気持ちになって、にこにこと楽しんでいます。

こうしてぐりとぐらの世界を堪能した娘は、もちろん最後にこう言います。

「もう1回!!　もう1回!!」

こうして1日に何度も『ぐりとぐら』を読み聞かせることになりますが、娘と一緒に、ぐりとぐらや森の動物たちと一緒に過ごすこの時間が、私にとっては1日のなかでも最高に幸せな時間です。

こうしてゆっくり娘とともに繰り返し『ぐりとぐら』の世界を楽しめる幸せを噛み締めつつ、これからもたくさんの絵本を娘と一緒に楽しみながら、限りある「今この時」を大切に過ごしていきたいと考えています。

（木村由紀子）

ぐりとぐらのあいうえお

◎中川李枝子［作］
◎山脇百合子［絵］
◎福音館書店
◎2002年

この絵本は、ぐりとぐらが平仮名の50音を、美しいリズムに乗せて子どもに教えてくれる、とてもかわいらしい絵本です。13センチ×13センチくらいの、とても小さなサイズのこの絵本は、子どもの小さな手でもつのにぴったりのサイズです。縦書き5行の本文の、冒頭の1文字を左から右に横につなげて読むと、50音になっているという、この美しい仕掛け絵本は、子どもはもちろん、おとなも楽しめる素敵な1冊です。

わが家では、わたしが『ぐりとぐら』を手にもつと、子どもは私の真似をしてこの『ぐりとぐらのあいうえお』を手にもち、お互いの絵本のなかの世界で生き生きと活躍するぐりとぐらを比べ合いながら、親子揃って、ぐりとぐらの世界をたっぷりと楽しんでいます。

とても小さな手のひらサイズの絵本なので、お出かけの際などの持ち運びにも便利ですし、イラストも色彩豊かでとても美しい絵本です。個人的にはラ行の「らべんだー、りんどう、るりそう、れもんばーむ、ろばさんうっとり」のページがとても好きです。是非お勧めしたい1冊です。　（木村由紀子）

どろんこハリー

くろいぶちのある　しろいいぬ　ハリー。
あるひ、おふろに　おゆをいれるおとが　きこえてくると、
ブラシをくわえて　にげだして……
うらにわに　うめました。

◎ジーン・ジオン［文］
◎マーガレット・ブロイ・グレアム［絵］
◎わたなべ しげお［訳］
◎福音館書店
◎1964年

黒いぶちのある白い犬と白いぶちのある黒い犬が向かい合って描かれている表紙。タイトルは「どろんこハリー」だけれど、「どっちがハリーかな?」。そして、表紙を開くと、お風呂場にある浴槽に前足をかけ、ブラシをくわえた、黒いぶちのある白い犬が立っています。「あれ、白い犬がハリーなのかな?」。このように、この絵本では、表紙から会話が弾みます。

　絵は黒、黄、緑の3色のみで描かれているため色彩豊かではありませんが、登場人物はみんな軽やかなタッチで生き生きと描かれています。この親しみやすい絵とシンプルでわかりやすい物語が調和し、読む人や見る人のこころをひきつけて夢中にさせます。

　主人公のハリーは、お風呂に入るのが大嫌いで、浴槽にお湯を入れる音を聞くとブラシを裏庭に埋めてしまいます。そのまま家を抜け出して、道路工事現場で遊び、鉄道線路の橋の上で遊び、他の犬たちと鬼ごっこをして遊び、最後に石炭トラックを滑り台にして遊びます。

　子どもは、ハリーがあちこちで泥だらけになって遊ぶ場面で、「ハリー、どこに行ったの?」と言って、絵を食い入るように見つめて、楽しそうにハリーの姿を探します。最初は乗り気でなく、落ち着かない様子を見せていた子どもでさえも、このあたりになると、すっかりハリーの世界に入り込んで、物語に聞き入るようになります。

　泥だらけ、煤だらけで、真っ黒になって、黒いぶちのある白い犬なのに、白いぶちのある黒い犬になってしまったハリー。もっといっぱい遊びたいけれど、家の人に家出をしたと勘違いされていないか心配になり、お腹もすいたので、走って家に帰ります。ところが、ハリーは、まっ黒になったために家の人に自分がハリーであることをわかってもらえません!

　子どもは、ハリーが試行錯誤を繰り返し、途方にくれている様子を、はらはらどきどきして見守ります。そして、やっと家の人にハリーだと気づいてもらえると、子どもも「ああ、よかった」と、こころから安心した表情を見せます。

ハリーは、無事、お気に入りの場所でぐっすりと眠ることができ、自分の家の良さに改めて気づくのでしたが、ちゃっかりブラシをクッションの下に隠して、夢のなかでもどろんこになって遊ぶところが、いかにもいたずらっ子のハリーらしく、ほほえましいです。

子どもは、読み終わった後に余韻にひたってじっとしていることがよくありました。おそらく主人公であるハリーに冒険の後に戻るところが用意されている物語に、満足することができたのでしょう。

この絵本は、同じように泥遊びが大好きで、でもお風呂は好きではないという子どもにとって、まるで自分がハリーになったような気持ちで楽しめるに違いありません。また、好奇心旺盛で、行動力があり、それでいて少し寂しがり屋でもあるハリーのキャラクターにも、子どもは共感するのでしょう。

子どもはみんなこの絵本が大好きですが、特に男の子が好むように思います。幼稚園や公園の砂場でどろんこになって遊ぶ前や遊んだ後に読むのもまた、おもしろいかもしれません。

日本では、50年近くにわたって読み継がれている絵本であり、親・子・孫で共通の体験をすることができる点も、この絵本の魅力といえます。子どもは同じ視線でハリーと一緒に冒険を楽しみますが、おとなは成長してから再び出会う絵本と子どものときとはまた違う感動を味わうことができます。

第2作『うみべのハリー』と第3作『ハリーのセーター』もどうぞ手にとってみてください。これら2作品でも引き続き、おちゃめなハリーに出会うことができますよ。

（高原佳江）

もぐらのムックリ

◎舟崎克彦［作］
◎黒井 健［絵］
◎ひさかたチャイルド
◎2002年

「はるが　きたら　おこしてね」と、土の中で眠る友だちに頼まれていた、もぐらのムックリ。かえる、とかげ、かめ、へびを順番に起こしに行く、ゆったりとした繰り返しが心地よいです。

ムックリは「ぼくはムックリ　もぐらのムックリ　はるもムックリ……」と歌いながら友だちの家に行きますが、自分なりにリズムをつけて歌うように読むと、子どももものってきて、一緒に歌ってくれます。また、「次は誰かな？」と聞けば、「かめさん！」と、子どもは楽しそうに答えてくれます。

最後の場面では、それまでに登場した動物と植物が勢揃いします。動物だけでなく、たんぽぽ、さくら、つくし、すみれなどいろいろな種類の植物が出てくる点も、子どもをひきつけるようです。「ここにかえるがいるよ」「さくら、綺麗だね」「これ、きいちごかな？」と、子どもとの会話も盛り上がります。

ふんわりと柔らかなタッチと春らしい色合い、そして土の中から出てきて春の陽差しをいっぱいに浴びる動物の生き生きとした表情に、心がうきうきします。「ともだちが　みんな　めを　さましたので、もりは　ほんとうの　はるに　なりました」。

春が来るのを待ちわびながら、子どもと読みたい絵本です。　（高原佳江）

『子育て支援と心理臨床』では
さまざまな職種や領域の皆様から
投稿・論文を募集します。

「子育て支援と心理臨床」に関する学術的な論考・実践報告

① **次号の特集に関連した内容**

② **子育て支援に関する自由テーマ** **【随時受付】**

原稿字数 10,000 字以内

応募方法 原稿は、連絡先（住所、電話、メールアドレス、職業、所属）を必ず明記して、下記送り先にお送り下さい。デジタルデータの場合はメール添付ファイルにてお送り下さい。編集委員会で検討のうえ、掲載させていただく場合はご連絡差し上げます。お送りいただいた原稿は返却いたしません。

送り先 〒 113-0034 東京都文京区湯島 2-14-11
福村出版編集部『子育て支援と心理臨床』係
E-mail: mmiyashita@fukumura.co.jp

「読者のひろば」への投稿

本誌を読んでのご意見、ご感想、ご相談など、どしどしご投稿下さい。

※ 投稿方法は『子育て支援と心理臨床』巻末のコミュニケーションシートをご利用下さい。

その他の投稿 **【随時受付】**

投稿内容 「子育て支援 Q&A」の質問（相談）・チェックリストのリクエスト・特集のリクエスト・その他

原稿 500 字以内で、本誌巻末のコミュニケーションシートにお書き下さい。別紙の場合は投稿内容を明記して下さい。

送付方法 コミュニケーションシートに必要事項をご記入の上、原稿をファックスまたは郵送して下さい。**メールによる投稿は受付けておりません。**

送り先 福村出版編集部『子育て支援と心理臨床』係　FAX 03-5812-9776

第5章 多文化に生きる子どもたちと読み合いたい絵本

第5章の作品

ピッツァぼうや

トッチくんのカレーようび

わたしはせいか・ガブリエラ

なけないちっちゃいかえる

てではなそうきらきら

私の指はどこ？

これ、なあに？

だるまさんが

もりのなか

ばけばけばけばけ ばけたくん

すうじのうた

モグモグぱっくん

はじめに

絵本が向ける多様な子どもたちへのまなざし

撹上久子

日本には、多様な子どもたちが暮らしています。言語や文化の違う子どもたち、体の環境の違う子どもたち。絵本はどんな子どもたちにも、そのこころの育ちを応援してくれます。

両親の仕事の関係などで、海外で暮らす子どもの数は2010年外務省の調査で6万7322人、そのうちの乳幼児の数は不明ですが、かなりの数が予想されます。私自身、長女の幼児期をシンガポールで、長男はメキシコで育てました。長女のときは、新米ママだった私にとって、当時日本人会が行っていた毎週土曜日のお話会が異国の地での子育ての大きな支えでした。長女は現地幼児教育機関に通いましたので、日本の四季や文化、今日本で流行っていることなどは本を通じて知っていきました。海外での日本の絵本の力に味をしめた私は、長男のときはシンガポールで体験したことを、若いお母さんたちに……という思いもあって、現地の日本のお母さんたちと月1回、絵本の読み聞かせをかねて集まって、お茶を飲んだりおしゃべりする機会をつくりました。

私の体験はもう随分前の話です。今海外ではこうしたお話会や海外文庫の活動は、かなり数も多く活発になっています。ここでご紹介するオーストラリアの文庫が所属する国際児童文庫協会だけでも50以上の文庫が登録されていますが、実際にはその何倍もの数の存在が想像されます。国際児童文庫協会では、海外での文庫の立ち上げを支援していますが、相談する方の多くは、小さなお子さんを育てているような年代の方たちだそうです。そこに海外文庫やお話会が、どんな役割を果たしているのかを垣間見ることができます。

また日本にもたくさんの文化の違う子どもたちが住んでいます。日本に住みながら、母国の言葉や文化も子どもたちに伝えたい、同じ立場のお母さんたちのつながりも作りたい、そんな活動も活発です。

さらに、視覚の状態で一般の絵本がよく見えない子どもたちや、お母さんの読んでくれる絵本の声が聞こえない子どもたちのなかにも、絵本が大好きな子はたくさんいます。落ち着きがなく絶えず動き回っているような子どもたち、人とのかかわりが苦手な自閉症と呼ばれる子どもたちも、絵本を読んであげると、きらきらした表情で、ぴったりと気持ちを寄せて楽しんでくれます。

絵本の力はすごいです。そして、そのときに見せてくれる子どもたちの笑顔は、何よりもこの子たちを育てていこうというお母さんたちの力にもなります。そんな実践の紹介と、子どもたちの読書のリテラシー、ニーズに応じて、さわる絵本・布の絵本など、特別な仕様になっている絵本もありますので、そんな絵本もご紹介します。特に、布の絵本は、バリアフリー性と心を癒す遊びの力が内包されており、3月11日、日本の子どもたちを襲った大震災で笑顔を失ってしまった子どもたちにも、楽しんでもらっています。

ピッツァぼうや

雨がふってきて　ピートはご機嫌ななめ。
「そうだ　ピートでピッツアをつくったら
たのしくなるかもしれないぞ」
さっそく　おとうさんは
ピートをキッチンテーブルに　のせました。

◎ウィリアム・スタイグ［作］
◎木坂 涼［訳］
◎セーラー出版
◎2000年

オーストラリア、シドニーにはジャカランダ文庫があります。国際児童文庫協会（ＩＣＢＡ）に属した、保護者運営の日本語文庫で、週1回、公共の場所を借りて未就学児童を対象に活動しています。オーストラリアは移民が多い国ということもあり、会員には日本とオーストラリア以外にも、いろいろなバックグラウンドをもつ家族がいて国際色豊かです。

　海外の日本語文庫に足を運ばれるお母さんというのは、日本語習得に熱心な方が多いですが、ジャカランダ文庫ではまずお母さんとお子さんの、絵本を読むことによる心のつながりを大切にしています。

　活動内容は絵本の読み聞かせに、日本の文化や季節の行事などを取り入れたクラフトや、伝統のわらべうたを組み合わせていることが特徴です。また、日本語文庫の役割として良質な本を提供する以外に、日本人コミュニティでの育児情報交換の場であったりもします。

　文庫の運営に携わって約4年。子育て支援として私が会員に一番伝えたいことは、学齢期に入る前の子どもにとって、本はあくまでも二次体験であるということ。実体験があればこそ、子どもは本の内容に共感し、お話のなかに入っていくのですから、小さいうちはおもいきり外に出て、大地のなかで感性を養うことを大切にしてほしいということです。

　そういうことを踏まえた上で皆さんにご紹介したい楽しい絵本があります。それは『ピッツァぼうや』です。この本は雨の日に外で友だちと遊べなくなったご機嫌ななめの男の子、ピートがお父さんの機転によりピッツァにされてしまうおもしろいお話です。5歳になる娘と何度も一緒に楽しみました。

　実際に読んだ後、すぐ実践してみたくなるこの本、文庫ではこの本を読み聞かせしてもらった後、お母さんが子どもをピッツァにして遊びました。子どもを寝かせて生地をこねるところから始めます。子どもの身体をこねるように動かすとくすぐったいのか笑い声があちこちで聞こえます。

　生地はひっぱったり伸ばしたり、ピッツァ

作りにはかかせない生地の空中飛ばしも小さいお子さんならなんとかできますので、お母さんも奮闘します。子どもはお母さんに上にたかいたか〜いのようにされてとても喜んでいます。

ピッツァに乗せる具ですが、この辺はアイディアで折り紙をちぎったものや色つき輪ゴムなどを使いました。文庫では子どもを抱えてオーブン（イメージで）に入れてちょっと待ち、ピッツァができた、で終わりました。絵本ではピッツァぼうやを作っているうちに外は晴れて、ピートは上機嫌で外へ遊びに行く、というめでたしめでたしのお話です。

この本からは、子どもがごく単純な理由で不機嫌なときには、親の向き合い方でこんなに簡単に子どもは楽しくなるんだよ、人生は楽しいんだよ、という作者のベースにある人間愛のメッセージが伝わってくるような気がします。このように自分で創造して作り上げていく遊び、受動態でなく自分からクリエイトする遊びを親がさりげなくサポートして導いてあげる、そうすると子どもはその先は子どもの素晴らしい感性により、無限に遊びを創っていけると思うのです。そういった親と子の健全な親子関係を、作者はいきいきと絵本のなかで表現しています。

作者はウィリアム・スタイグで挿絵も描いていますが、なんとこの絵本を彼は90歳のときに末娘のマギー、当時48歳のために描いたそうです。なるほど、きっとこの絵本の主人公は彼のお孫さんなのかな、と思いました。

絵本、児童書だけで年間２０００冊以上もの新刊が次々と出版される日本では、優れた本を選ぶのは至難の業ともいえます。文庫ではＩＣＢＡのサポートにより、選りすぐりの選書を揃え、さらに、このように絵本を通して親と子、人と人との心をつなぐ子育て支援をしている貴重な場となっていると思います。

（竹森あゆみ）

トッチくんのカレーようび

◎まどころ ひさこ［文］
◎やまもと まつこ［絵］
◎ポプラ社
◎改訂版2000年

実体験があればこそ、子どもは本の内容に共感し、お話のなかに入っていくので、未就学児のうちは特に触覚、生命感覚、運動感覚などを周りのおとなが子どもに育てる機会をつくってあげるようしてほしいのですが、そんなときにおすすめのもう１冊がこれです。絵もはっきりしていてお話のテンポも速く、文庫などの大人数の読み聞かせにも向いていると思います。

おなかがすいたトッチくんが、今日の晩ご飯はカレーだと聞いて喜ぶのですが、お母さんが玉ねぎで涙を流しているすきに玉ねぎたちが逃げだしてしまい、皆で追いかける、というお話です。文庫でも子どもたちは玉ねぎがころころ転がって八百屋さんへ行ったり、信号を超えたり、というところでどうなるんだろうとハラハラ。しかし最後に町中の人たちの協力もあり、たくさんのカレーが無事できたところで、ホッと安堵の表情。主人公のトッチくんに感情移入していたんですね。

「カレー作ってほしい」と言い出したところで、その日の午後は家で実際に手伝ってもらいます。うちの娘は３歳から本物の包丁を握っています。切るだけでなくきぬさやのすじを取ってもらったりもします。１冊の絵本から無限に広がる楽しいひとときです。　（竹森あゆみ）

わたしは せいか・ガブリエラ

わたしは　せいか・ガブリエラ　５さい。
ボリビアで　うまれたの。
とうさんは　ボリビアじん。
かあさんは　にほんじん。
わたしは　いまは　にほんに　いるの。

◎東郷聖美［作・絵］
◎福音館書店
◎2004年
※品切れ

私は南米ペルーで生まれた日系三世です。1990年、15歳のときに、両親と4人の弟妹とともに日本に来ました。現在は、3人の子ども（15歳、13歳、5歳）に恵まれ、家族5人で暮らしています。

日本に来たとき父から、「もうペルーには戻らない。ずっと日本で暮らす」と言われ、そのつもりで日本語を習得しました。日本で生きていくことは日本の学校へ行くことでしたので、2年後に控えた高校受験のために、1つでも多くの日本語を覚えようにと必死に学びました。支えてくれたのは地元のボランティア教室での学習支援でした。

結婚して最初の子どもに恵まれたころを思い出してみると、子どもが困らないようになるべく日本語を使おうとを心がけていました。

日本語の赤ちゃんことばやさしい表現がわからなかったので、絵本から子どもといっしょにそれを学びました。絵本は私と子どもをつなぐコミュニケーションの手段であり、同時にことばや文化を知るための教科書でした。私は絵本が好きになり、読み聞かせをすることがとても大事だと感じるようになりました。ですから、長男の学校の読み聞かせに誘われたときには、喜んで参加しました。私が読み聞かせをすると、子どもたちから「日本語がおかしいよ」と言われたりもしましたが、そういう日本語を聞いてもらうことも子どもたちにはよいことかなと思いました。また「月はスペイン語で、ルナっていうよ」と、日本以外の国のことにも目が向けられるように工夫しました。子どもたちに広い世界を知ってもらいたかったからです。

3人目の子どもが少し大きくなったころ、子どもたちとラテンアメリカ青少年の会（子どもの日本語学習支援と母国ラテンアメリカへの理解促進とその継承が目的）に通いました。そこで『わたしはせいか・ガブリエラ』に出会いました。この本はボリビア人のお父さんと日本人のお母さんをもつ5歳のせいか・ガブリエラという女の子が、2つの国の違いを、食べ物、習慣、自然などをとおして

なけないちっちゃいかえる

◎エクトル・シエラ［作］
◎やまうちかずあき［訳］
◎鈴木出版
◎2004年

※品切れ・再版未定

セミージャ文庫は２００４年、ラテンアメリカ青少年の会に集まる子どものため、国際児童文庫協会の支援を受け、スペイン語の本の文庫として開設されました。普段はスペイン語で読み聞かせが行われますが、ときには日本語で絵本や紙芝居を読み聞かせることもあります。

『なけないちっちゃいかえる』は、そんな子どもたちにぴったりの絵本です。明るいはっきりとした色づかいで、主人公はおたまじゃくしからかえったばかりのかえるの子。

まだケロケロと鳴けずに落ち込みますが、元気に池の外の世界へ飛び出していきます。いろいろな動物との出会いで、みな鳴き方が違うと知り、今のままでいてよいことが分かります。そのままの自分が受け入れられているうちに、ついにケロケロと鳴けるようになり、みんなから祝福されるのです。

かえるのこのうれしい気もちは、子どもたちみんなに伝わり、自然とそれが未来の自分と重なって感じられることでしょう。いつのまにか勇気づけられる絵本です。

集まる子どもが流動的で、なかなか文庫活動は安定しませんが、少ない機会に出会う本で楽しい体験をしてもらいたいと思って選んだ１冊です。　（海保由子）

紹介しています。日本語とスペイン語の両方で書かれている絵本です。

ボリビアとペルーは文化や習慣が似ています。ですから私はこの本に描かれているボリビアのようすが頭に浮かびました。大きなモジェの木、晴れ着のチョリータ、雨でも傘はささないし、犬は鎖に繋がれていません。私は3人目の次女にその絵本を読み聞かせました。

「〝こんにちは〟は、ボリビアでは〝ＨＯ《お》ＬＡ《ら》〟っていうよ」

娘はここでマネをして〝ＨＯ《お》ＬＡ《ら》〟といいます。あいさつは人とのつながりが生まれる大切なことば。このことばから、娘と私のルーツの文化やスペイン語が出会い、つながりができました。

その後、私があちこちでこの絵本の読み聞かせを頼まれたこともあり、娘はすっかり暗記して「めじゃも　せいか　ガブリエラ。てんご　しんこ　あーにょす」とスラスラ、スペイン語を口にするようになりました。

それだけでなく、生活のなかでも絵本の言葉「ＨＯ《お》ＬＡ《ら》！」（こんにちは！）、「Ｒｉ《り》ｃｏ《こ》」（おいしい）が自然に使われたり、本の内容を実行したりするようになりました。

「バナナを焼いて食べようね」

「ママもチョリータを着たの？」

いつのまにかせいかちゃんは娘自身であったり、彼女の友だちだったりしているようでした。

そんなある日、父にこの絵本を見せました。父は、「レヒナがチョリータを着ている写真があったはずだよ」と言いました。そして押入れのなかからその写真を探し出してくれたのです。写真をみて、私は娘だけでなく私自身もせいかちゃんであったことに気づきました。この絵本は私たち親子にとってとても大切な絵本です。

（お話：佐藤レヒナ　聞き書き：海保由子）

てではなそうきらきら

おっきな　て
ちっちゃな　て
みえる　て
みえない　て
ハートをさしだす　て
ハートをうけとる　て
てで　はなしてみよ

◎さとう けいこ［作］
◎さわだ としき［絵］
◎小学館
◎2002年

絵本を手にとって広く異文化に親しむことを目的として、京都市国際交流協会は１９９２年度よりさまざまな角度から、いろいろな国・地域の絵本を紹介してきました。

「バリアフリー」ってなんだろう？　図書・資料室にある『ユニバーサルデザインがわかる事典』には、「バリアフリーは、『不便さの原因となっているもの（バリア）を取り除く（フリー）』という意味です。多くの人のためだけでなく、1人のためであっても不便があれば、解決していこうという考え方です」と書かれてありました。

　国際交流協会がいつもめざしていること、それは心のバリアフリーなのだとあらためて思いました。そして、この定義を軸に言葉の壁を乗り越えた多言語絵本や言語が関係なく楽しめる絵本、点字絵本、手話絵本、布絵本などを紹介する展覧会にしようと思いました。外国人、日本人、障がいがある人もない人も関係なく、みんなが楽しめる、そんな「世界のバリアフリー絵本展」をめざしたいと思いました。

　こうしてＪＢＢＹ（日本国際児童図書評議会）より50冊、国際交流会館所蔵の多言語絵本50冊をあわせて１００冊を展示・紹介する京都市国際交流協会らしい「見たり、読んだり、さわったり。みんなで楽しめる絵本たち。世界のバリアフリー絵本展」の企画が誕生しました。

　２０１０年7月24日、ロビン・ロイドさんの「ザンビア、St.ムルンバ養護学校との出会い&読みかたり」を行いました。ロビンさんは米国イリノイ州出身、京都在住約25年です。民族音楽（ワールド・ミュージック）を学び、奏で、教え続けてきました。コンサート活動の他にお年寄りや障がいをもつ方たちのための音楽療法の実践と普及に努めています。

　ロビンさんが２００９年に訪ねたSt.ムルンバ養護学校では、耳や目の不自由な人、心の繊細な人、みんなが一緒にお互い助け合って学んでいます。その楽しそうな笑顔の写真を見せてもらいながら、お話を聞きました。その後『てではなそうきらきら』をロビンさんの不思議な楽器の音とともに読みました。

透き通った楽器の音色はページをめくるたびに、次のページの世界への興味をそそりました。子どもたちは静かに聞き入っているようすでした。「絵本を音楽付きで読み聞かせていただくと、また違った世界が広がる」や、「おとなはバリアを作るが子どもの間にはバリアはない。もともと人間は性格も考え方も違うのだから、それを話し合ったり、見つめ合ったりして克服していくもの。いろいろ考えるヒントをもらった」というような感想をもらいました。

２０１０年7月25日は「バリアフリー音楽コンサート&読みかたり」でした。この日、ロビンさんは昨日よりもっとたくさんの楽器をもってきていました。カゴのなかの小さな楽器を80人の来場者みんなが1つずつとり、全員参加のコンサートが始まりました。あまりに楽しすぎたのか、2歳ぐらいの男の子が前にいるロビンさんのところまで来て踊り出しました。国籍、障がい、年齢、性別いろんなバリアを超えて楽しみました（写真）。

京都には現在約4万１０００人の外国籍市民が住んでいます。このような人たちへ国際交流協会ボランティアが中心となって展開している事業の1つに子育て支援があります。「子どもクラブ」と「ホッとチャット」です。「子どもクラブ」では多様な文化背景をもつ5〜12歳の子どもたちを対象とし、遊びや学習を通して日本での生活のサポートをします。「ホッとチャット」は子育て中の保護者が子育ての悩みや不安について語り合い、情報交換などもする場となっています。

1冊の絵本は豊かな文化にあふれています。子どももおとなも、だれでも一緒に楽しめる絵本展をこれからも続けて行きたいと思います。

（溝口智子）

私の指はどこ？

أين أصابعي ؟

◎ナディーナ R.L トーマー［文］
◎リーナー・メルヘジュ［絵］
◎ダール オンボズ
◎レバノン
◎2005年

問い合わせ：穂高書店 /http://www.hotakabooks.com/index.html
info@hotakabooks.com

外国の絵本を集めている京都市国際交流協会の図書・資料室では、日々めずらしい絵本がないか、さがしています。２０１１年現在、ここには約８０カ国・地域の１万７０００冊の絵本があります。

ある日、レバノンの『私の指はどこ？』という絵本に出会いました。表紙にフェルトで作った指人形がついていて、見開きにアラビア語の文字とそれにあたる指文字の形が描かれてあります。絵本を開くと目のパッチリとした鮮やかな色彩で描かれた女の子が立っています。女の子の周りには、絵のようなアラビア文字。お話を読んだCDも付いています。

内容は、レバノンで昔から知られている指遊びの歌のことだそうです。ことばがわからなくても大丈夫！　イメージを働かせ、指人形で遊びながら、アラビア語の流れるような音に耳をかたむけ、絵本を開いて、さあ想像の楽しい世界へでかけましょう。

指はまるで顔みたい。目はもちろん、口も鼻も、耳だってあるよ！

自分の指と話もできる。

ホラ、ね？　（溝口智子）

これ、なあに？

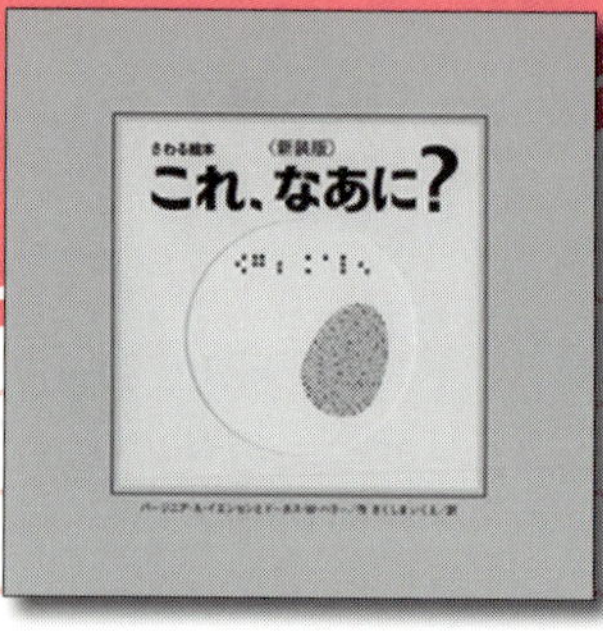

これなあに？
さわって　ごらんなさい。
これはね　ザラザラくんですよ。
ザラザラくんは、ときどき
バラバラくんと　いっしょに　あそびます。

◎バージニア・A・イエンセン、ドーカス・W・ハラー［作］
◎きくしま いくえ［訳］
◎偕成社
◎1979年初版
2007年改版

これほどまでに再版を待ち焦がれた絵本があったでしょうか。針金を螺旋状にしたリング綴じの本が、32年ぶりの再版本では、リングの上に背表紙が付けられていました。

絵が隆起印刷で、たとえば「ザラザラくん」は、触ると本当にザラザラしています。「ザラザラくん」には、「バラバラくん」という、かくれんぼの大好きな友だちがいます。「バラバラくん」は、お母さんと一緒に住んでいます。「ザラザラくん」は、隠れている「バラバラくん」を探しに行きます。まっすぐな道をずっといくと、途中で「ポツポツちゃん」に会います。くねくねした道を行くと「シマシマくん」に会いました。真四角の広場には「ツルツルくん」がいました。4人は、広場で「バラバラくん」を見つけて「バラバラくん」の家に帰って、美味しいご馳走をお腹一杯食べさせてもらいました。

この絵本は、活字文字だけで点字が付いていないので、見えない子には（最初から1人で、手の感触を楽しみながらお話を作ってしまう子もいますが）、お話を読んでくれる人が必要です。2回目からは1人で指でたどって、想像を膨らませながら楽しめます。何回も読んでほしいとせがまれることもあります。

少子化、核家族化の今、子どもたちの「心の育ち」「人とのかかわり様」に真剣に取り組む必要があります。目が見えない、見えにくい子どもたちにとっても同じことが言えます。『これ、なあに？』には、いろいろな友だちがいて、家族がいて、みんなの居場所があって、そのなかで一緒に友だちを捜します。おとなが読んでくれたり、見えない子に見える子が読んでくれたりします。見える子が「ツルツルくん」を触って「本当にツルッツルだあ」と歓声を上げます。さあ、もう触らずにはいられません。1冊の本が、いろいろな仕掛けで人と人との繋がりを生みます。

『これ、なあに？』は、自然に全部の指を使って触って読むようになるという、魔法の絵本です。写真の子は、今まで絵本に対しての興味は、あまりありませんでした。読み聞かせでの物語はよく聞いていましたが、この絵本との出会いをきっかけとして、自分で本を読むことの楽しさを実感し、本への興味・関心が広がっていきました。

『これ、なあに？』は、感触の異なる抽象的な形そのものが登場人物になっているので、見えない子には、とても分かり易いのです。手を取って、両方の手のひらを広げると「あっ、これがザラザラくんだ」と、すぐに分かります。最初は、線を辿っていく指がぎこちなくて、たとえば「したの　まっすぐな　みちを　ずっと　いってごらんなさい　まあるい　いえが　ありますよ」と辿っていくと、指は頁から出てしまいます。慌てて両手で探します。そして、左手を道の始まりに留めて、右手で線を辿っていったとき、「あっ、バラバラくんがここにいたよ！」と自分で触り、見つけた喜びは大きいものがあります。次第に線を辿ることが楽しくなり、次にどのような感触の登場人物がでてくるか期待している様子が表情からうかがえるようになりました。

今では、手で読んでお話をしてくれます。「あれっ、シマシマくんがいなくなっちゃった」等と独り言を言いながらも、物語を語ってくれます。触り方にも変化が見られるようになりました。そっと触ってみる、指で押してみる、指をさっと滑らせてみる。すると、ザラザラくんもバラバラくんも表情が変わります。

点字を読むときは、6つの点を1マスずつ辿って読むのではありません。点字の上を、両手を使って指を滑らせる動きのなかで読み進めます。『これ、なあに？』で触ることに慣れて、触って分かる楽しい経験があると、点字の世界に自然に入り込むことができるのです。近年、バリアフリー絵本、ＵＤ絵本と呼ばれる絵を触って楽しめる本が出版されるようになりました。子どもにとっても、おとなにとっても嬉しいことです。

（石井みどり）

だるまさんが

◎かがくい ひろし［作］
◎ブロンズ新社
◎2007年

特に、最後のページの「にこっ」は、不思議な力をもっています。1歳3カ月の世羅さんは、泣いていてもこのページを開くと「にこっ」と笑います。『だるまさんが』のリズムで、指でトントンとします。

2歳5カ月の美羽さんは、クッションと『だるまさんが』をもってきて、4年生のお兄さんに「よんでえ」と言います。「だるまさんが　どてっ」のページでは、クッションの上に「どてっ」と倒れます。「ぷしゅーっ」では腹這いに「ぷっ」では、おしりペンペンの真似。そして「びろーん」では両手をあげてくるくる回ります。最後に「にこっ」。これで　おしまい。

２０１１年3月１１日、地震でも津波でも被害のなかった福島県飯舘村に放射能が降りました。子どもたちは、外で遊ぶことは勿論、窓を空けることも禁じられていました。5月の連休明け、そんな家を訪問しました。4歳のお子さんを膝に乗せて『だるまさんが』を読みました。2回目、ちょっと「くすり」としました。3回目、立ち上がって「ぷっ」をしました。4回目、「どてっ」と私の膝に倒れ込んできました。

「こんなに笑ったのは地震以来初めてだあ」と、ばっちゃも笑顔になりました。

（石井みどり）

もりのなか

ぼくは、かみの　ぼうしを　かぶり、
あたらしい　らっぱを　もって、
もりへ　さんぽに　でかけました。
すると、
おおきな　らいおんが、ひるねを　していました。

◎マリー・ホール・エッツ（文・絵）,
◎まさき るりこ（訳）
◎福音館書店
◎1963年

甲州市立勝沼図書館の陽当たりのよい児童コーナーで、いつものようにおはなし会が始まりました。読み聞かせの人を囲んで子どもたちが座り、少し離れておとなたちが見守っています。絵本をもっと間近で見たくなった子どもたちは、じりじり前へ出てきました。ときおり、子どもの笑い声が短く響くほかは、活気があるのにシーンと静かなおはなし会——すべては手話でやりとりされているからです。

グループ「まーの・あ・まーの」は聞こえない子どもたちに本の楽しさを届けようと、2007年に結成されました。「まーの」はイタリア語で「手」、「まーの・あ・まーの」は「少しずつ」を意味します。手話で本を表現していくこと、また人々が手をつないで少しずつ輪がひろがっていってほしいとの願いを込めました。

本の読み聞かせは手話だけでおこないます（読み聞かせの間、音声の通訳はつきません）。会の代表をつとめる山梨県立聾学校教諭の古屋貴恵さんは、情感豊かに手話で絵本を表現します。

『もりのなか』は、主人公の「ぼく」がもりのなかをさんぽしながらいろいろな動物に出会って、いっしょにおさんぽしたり遊んだりするおはなしです。古屋さんはあるときは元気な「ぼく」に、またあるときはらいおんに、またあるときはくまになって、表情と手の動きで子どもたちに語ります。手話の読み聞かせでは、登場人物によって声色をかえることができないので、絵本の絵を指さしながら、登場人物のせりふを手話で伝えていきます。集中して見ていないとストーリーの理解は難しいのですが、聞こえない子どもたちはもう自分たちが森を歩きまわっているように、いきいきした顔で絵本を見つめています。

手話の読み聞かせの強みは、登場人物の動作をあらわせることと、客観的な空間を表現できることです。ぞうのあかちゃんが水浴びをしている場面では、水を子どもたちにもかける仕草で、子どもは自分にもしぶきがかかったように感じて喜んでいました。動物たちと歩いているぼくたちに木の上から2ひきのこざるが声をかける場面では、行列がすすんでいく様子を下の方で表してから、上の方でさるが木の上で遊んでいる様子を表現し、下に向かって声をかけるという手話で、見事にこの場面を表していました。

手話の読み聞かせが終わると、アニマシオンの時間です。読書へのアニマシオンはスペインで開発された子ども向けの読書教育メソッドで、各自本を読んだ後で、本の内容を深く理解するために作戦と呼ばれる実践を行うのが特徴です。『読書へのアニマシオン75の作戦』（柏書房）のなかの「これだれのもの？」は、登場人物に関連したものの絵から持ち主を考え、登場人物を区別できるようになることを目的とした幼児向け作戦です。『もりのなか』では、出会った動物がそれぞれ何かを持っています。この「もの」をおはなしのイメージそっくりに、図書館職員が手作りしたり、持ち寄ったりして揃えました。

1人ずつ前に出て、「もの」を渡されたら、「それだれのもの？」という問いかけに、子どもが手話で答えます。わからない子にはわかった子が助けてあげたり、絵本を見にきたりと、みんな活発に動き出しました。双子の赤ちゃんがお母さんと後ろのほうで見学していたのですが、そこにも子どもたちがくじ箱をもって行ってくじを引かせて、これはこのページのぞうさんのタオルだよと、4歳の男の子が手話で教えてあげるというほほえましいシーンも見られました。最後に自分が当ったものを身につけて、「はい、ポーズ」の記念撮影。どの子も誇らしげに自分の「もの」を持ったのが印象的でした。

『もりのなか』は、子どもの想像力をかきたてるとても楽しい絵本です。おとなたちが伝え続ければ、これからも長く読まれていく名作にちがいありません。

（青柳啓子）

ばけばけばけばけ ばけたくん

◎岩田明子［文・絵］
◎大日本図書
◎2009年

「ばけたくんはおばけのこ。くいしんぼうなおばけのこ。よなかにふわふわやってきて、だれかのうちでつまみぐい」

ばけたくんは、いろんなものを食べてはすがたが食べたものにかわっちゃうおばけです。ペロペロキャンディーをなめたら、うずまき模様になっちゃうし、いちごを食べたら、あたまにへたが生えて、体はぶつぶつのまっかっか。

ばけたくんが、次はどんな格好になっちゃうかなあとドキドキしながら読み進んでいく楽しい絵本です。黒地のページいっぱいに、カラフルなばけたくんがくっきりと描かれているので、大人数への読み聞かせにも向いています。

いつものように、手話で読み聞かせしたあとは、遊び（アニマシオン）の時間です。まずは、他の子どもがつくった「ばけたくんクイズ」の出題。

「このばけたくん、何を食べたんでしょうね？」

いろんな形や色のおばけの絵を見て、わかった子が手話でうれしそうに答えます。そして、次はみんなが作る番。紙に変身後のばけたくんの絵を描いて、ひとりずつ発表しました。さすが山梨！　桃とぶどうが多かった。ばけたくんのおかげで、聞こえない子も聞こえる子もいっしょに遊んだ楽しいおはなし会となりました。

（青柳啓子）

すうじのうた

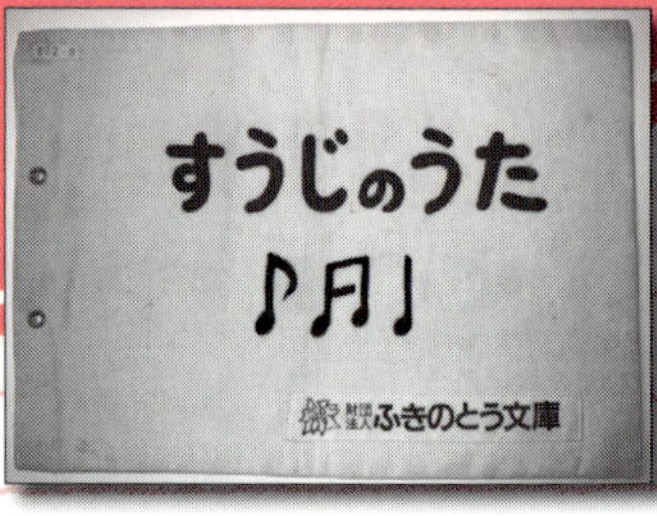

「すうじのうた」をうたいながら、
数字をはがして
絵のなかの
あてはまるところに貼り付けて遊びます。
「すうじのいちは　なあに
　こうばの　えんとつ　もくもく！」

◎ふきのとう文庫（札幌市）［製作・発行］
◎1978年

手作りの布の絵本をご存知でしょうか。手指に不自由さがあったり、知的な理解の難しい子どもたちが、触覚の心地よい布に安心感をもち、遊びながら楽しめる本です。札幌の「ふきのとう文庫」が重い障害をもった子どもと出会ったことをきっかけに、１９７５年「障害を持つ子どもと本の会」を発足し、考案して作り始めたものです。

台紙が布でできていて、そこにさまざまな布・フェルトなどで作った絵を綴じ付けてあります。障害のある子どもたちのために作成されている絵本の場合は、一部の絵がマジックテープ・ボタン・スナップ・ファスナー・ひもなどで、取り外しや移動ができようになっています。とめる・はずす・くっつける・ひっぱる・むすぶ・ほどくなどの手指操作が、遊びながらできるように工夫されています。紙媒体の図書への導入、あるいは、操作を楽しんでできることから、手指の訓練や遊びながら認識を高めることを狙った作品や、絵がページを動いてつながる特徴を生かしたストーリーや作品、お話の動作化や空想の立体化ができることを生かした作品など、楽しい絵本が数多く作られています。

布の絵本は、日本国内で10年間巡回を続けているバリアフリー絵本展（＊コラム参照）では、どの会場でも障害の有無にかかわらず多くの子どもたちに人気です。たくさんの人の優しさが集まってでき上がっている本ばかりですので、さまざまな障害に対するバリアフリー性ばかりでなく、年齢を問わずに夢中にする魅力があります。また布の絵本は、本を楽しめないと思われがちな知的障害のある子どもたちにとっても楽しめる絵本であることが、障害のあるお子さんをおもちのたくさんのご両親たちをも励ましてきました。

そのなかの1つに、１９７８年ごろから製作されている『すうじのうた』という作品があります。１９５７年に日本で大ヒットして、「♪すうじのいちは　なーに?♪」と、今日まで歌われてきている数字の歌。この布の絵本はこの歌を元につくられました。歌いながら、たとえば煙突と1、あひると2、というように、1から10までの数字を絵につけていきます。この絵本は30年以上、たくさんの障害のある子どもたちに楽しまれてきました。この絵本をきっかけに、数字に興味をもち、やがてそれがひらがな・カタカナへの興味につながって文字を覚えていった知的障害のある子どももいました。

私は、この絵本を東日本大震災にあった子どもたちが生活している避難所に、3月にもっていきました。一瞬の出来事によって、それまでの自分たちの生活は一変し、家を離れ、恐怖や不安を抱えたまま避難所で暮らす子どもたちは、そのころはまだ、お話を聞いたり、絵本を見るエネルギーも無いようでした。誰か安心できる人が自分のそばにいてほしい。そんな様子が伝わってきました。

歌を歌いながら、この絵本を何人もの子どもたちと楽しみました。子どもに笑みがこぼれました。ほとんどの子は一度だけでなく二度三度と繰り返しページをめくりました。避難所に響く子どもの歌声は、周りの雰囲気もちょっぴり明るくしてくれました。

現在では上記のふきのとう文庫のほか、東京布の絵本連絡会、よこはま布えほんぐるーぷ、川崎のぐるーぷ・もこもこなど、拠点となるグループが行う製作講習会を通じて、全国に多数の製作グループが誕生し、多くの子どもたちに楽しい絵本を提供しています。日本の手作り布の絵本の質の高さは海外でも高い評価を得ています。

こうした非売品の手作り布の絵本は、一般の人はまだ手にとってみる機会は少ないと思います。ふきのとう文庫は、図書館などに限り完成品の販売をしていますし、材料セットや、作り方の本は、一般の人も購入できます。郵送貸し出しも行っていますので、ふきのとう文庫のHPをご参照ください。

http://fukinotou.org/

（撹上久子）

モグモグぱっくん

◎てのひらの会（三鷹市）［製作発行］

◎1981年

ページ一面に大きな愛らしい動物が6種類。どのお口も、リングがついているジッパーで開け閉めができるようになっています。

「サルの好物は？」→「バナナ！」

「ペリカンがいつも食べるのはなーんだ」→ 「さかな？」

「ブタさんは、なんでもむしゃむしゃたべちゃうよ」

そんなやりとりをしながら、子どもたちに口をあけてもらい、食べ物を入れてもらいます。

関係の取りにくい自閉症のようなお子さんたちも喜んでやってくれます。でも子どもたちはもっと自由で、サルに魚を食べさせたり、「好き嫌いしてはいけません！」なんて言いながら、かえるにお芋を食べさせようとしたりします。

ストーリーの無い絵本ですので、子どもたちは楽しくおしゃべりし、手を動かして、頭でもいろいろ考えて、楽しんでくれます。手作り布の絵本のなかでも人気を誇る名作です。

（撹上久子）

Column

世界のバリアフリー絵本展

２００３年８月、「世界のバリアフリー絵本展」（日本国際児童図書評議会〈ＪＢＢＹ〉主催）の日本巡回展が産声をあげました。

立ち上げ展では、日本の手作りバリアフリー絵本の草分け、さわる絵本や点字図書を１９７０年から創り続けているむつき会（品川区）の展示やワークショップ、東京布の絵本連絡会の皆様による、たくさんの布の絵本の展示とワークショップ、そして練馬区光が丘図書館の職員による手話でのお話会や視覚障害のある皆さんのさわる絵本や点字図書の朗読会などが併催され、北は北海道から南は九州まで、大勢の方が来場されました。以来今日まで、２年に一度、そのバージョンは変えながら旅を続け、日本各地約１００カ所で、多くの人が集い、つながり、出会いをもってきました。各地の開催者の独自の力で楽しいユニークな企画が加わり、それぞれの場所での地域性も加わって、豊かな展示や企画で盛り上がっています。

ここで展示されている図書は、国際児童図書評議会〈ＩＢＢＹ〉が行っている世界的プロジェクトOutstanding Books for Young People with Disabilities によって世界中から集められ、選書されたＩＢＢＹコレクションです。読書に障害のある子どもたちのために特別に創られた本（手話つき絵本・絵文字つき絵本・さわる絵本・布の絵本・点字絵本・音声つき絵本・拡大絵本・やさしく読める図書など）や、障害児者がストーリーのなかで描かれている本（ただし障害ばかりに焦点が当たっていないこと、インクルージョン社会を描いているような本）、一般市販絵本の中からも特別に作られたような要素が見出せるような本（バリアフリー性がある絵本）など、バージョンによって違いますが、世界20カ国ほどから、50～60冊ほどが紹介されます。

巡回当時、日本の図書ではそのアプローチを見ることができなかった「手話つきの絵本」や「やさしく読める図書」などを、それらが出版されている国の本を手にすることで、実際に見ることができました。他の国の本を見ることで、日本のこうした分野の子どもの本の現状と課題を展望することもできます。

日本の子どもたちは豊かな絵本環境のなかで育ちます。しかし、日本にもまだその楽しみを十分に享受できない環境にある子どもたち、本屋さんに行っても、町の図書館に行っても自分の楽しめる絵本が、本のほうにあるバリアのせいで見出せない子どもたちがまだたくさんいます。

（世界のバリアフリー絵本展実行委員長
撹上久子）

国立国会図書館国際子ども図書館で、2010年8月21日～9月12日開催。

編集後記

書店に子どもと絵本の出会いから生まれたエピソードが綴られているものは、なかなかありません。ましてや、いろいろな場面からとなるとなおさらですね。この『こころを育み　こころをつなぐ　絵本１０１選』は、まるで一つひとつが小さなドラマのようで、心が陽だまりにいるようなここちよい温かさに包まれるのです。以前4歳児の保護者の方が、「ひらがなを読めるようになったのです。絵本を読む機会が少なくなってらくになりましたよ」と話されたとき、ぜひ、お母さんやお父さんの声で読んであげてほしいこと、そしてお子さんと心がつながる時間を大事にしてほしいことをお伝えしたことを思い出しました。

私は、未来を担う子どもたちがのびやかに成長するための仕事についていることを心の底から嬉しく思っています。そしてこの編集に携わらせていただいたことに感謝の気持ちでいっぱいです。絵本を今以上に、大事にしていきます。

（小宮広子）

今回は保育士としてどのような絵本の読み聞かせを実践しているのか、全国各地・各年齢を担当する保育士さんたちにお勧めの絵本を紹介していただきました。ご紹介くださった先生方の文章はどれも、子どもたちへの愛情あふれるもので、心が温かくなります。

私たちは保育士という立場で子どもたちの成長・発達を考慮しながら、興味や関心、年齢にあった絵本を子どもたちに提供することを心掛けています。一つひとつのお話に、一人ひとりの思いや笑顔があり、どれをとってもその子どもが主人公の物語ができるように思います。お互いのぬくもりや声を間近に感じながら、これからもたくさんの子どもたちと絵本を楽しむことができる保育士という仕事に、改めて幸せを感じた『こころを育み　こころをつなぐ　絵本１０１選』となりました。

（冨田弘美）

臨床心理士になる前に絵本編集者をしていた私は、保育園で初めて読み聞かせをしたときのことを鮮明に覚えています。子どもたちの食い入るようなまなざしに圧倒され、編集意図とは違う反応にちょっぴりショックを受け、読み終わった後に遊びに発展していく過程に目を見張り……。ある絵本作家さんの「作品はね、手元を離れた後は、読み手と聞き手のものなのよ」という言葉がすーっと胸に入ってきた瞬間でした。

この本は、絵本と読み手と聞き手による唯一無二のエピソードに満ちています。編集委員としてエピソードを集めながら、執筆者（＝読み手）の聞き手親子へのやさしい想いが隠れた土台になっていることを感じました。

執筆者の方々、関係者の方々に、そして編集委員の機会に恵まれたことに、心から感謝申し上げます。

（瀬川未佳）

今回、医療のさまざまな現場での絵本の読み聞かせエピソードをご紹介できたことを、とても嬉しく思っています。子どもたちは、共に過ごした時間、共に分かち合った気持ち、共に体験したことを心の栄養として成長していきます。そして、「大切にされた自分」を作り上げ、それを土台にしてしっかりと自分の足で自分の決めた道を迷い、悩み、楽しみ、希望をもって歩き出していきます。

ところが現代社会では、電子映像ゲームやスマートフォンなどがあふれ、一緒にいる親子も、別々なことをして過ごす時間が圧倒的に増えています。大人と子どもをつなぐ絵本は、子育て・子育ち支援に大きな役割を果たしているといえましょう。急がず、〝ゆっくりと丁寧に子どものそばにいる時間〟を大切にしてほしいと心から願っています。

（内海裕美）

本書の特徴は、多職種の複数の編者によって編集されたところにあります。編集会議ではさまざまな意見が飛び交い、刺激的でした。私は、心理臨床にとって大切な「家庭」で読む本について、繁多進先生と担当し、絵本に馴染みの深い臨床心理士の方々に執筆をお願いしました。それぞれの個性や家庭生活の滲み出ている文章に感激しました。

日頃、私たち臨床心理士は「匿名性」といって、自分自身を表現することを控えているのですが、執筆者の家庭生活がかいま見られる本書は、読者にとって学ぶところが大きいと思います。また、遊びをとおして子どものこころの安定をめざす遊戯療法に携わっている臨床心理士にとって、子どもと家庭を理解するのに、本書は役に立つと思います。良書の刊行にかかわれたことを、嬉しく思っています。

（滝口俊子）

私は家庭で読み聞かせるのに適した絵本13冊を選び、12名の方に執筆をお願いしました。絵本研究を専門にしている1名を除く11名は保育園児のお母さんたちです。子どもが大好きな絵本で毎日のように読み聞かせをしているとアンケートに答えてくれた絵本について書いていただきました。

そのお母さんたちの文章が上手なことに、まず驚きました。その絵本を読み聞かせている母子の姿が読む者の頭のなかにはっきりと浮かび上がるほどに臨場感あふれる解説を、すべての執筆者がしてくれました。そのことにまず感謝しています。このような解説を読みながら、わが子に読み聞かせをしてくださいますと、一味違う読み聞かせができるのではないかと思いますので、ぜひ、この本をご活用ください。

（繁多　進）

絵本には、たくさんの人の思い・考え・記憶が込められていて、それが、こころに寄り添ったり、合わさったりして、私たちを元気にしてくれたり、楽しくしてくれます。そして人と人とを向き合わせ、つなぐ力もあります。絵本を読み合うことで幸せなひとときを、私はいつも実感しています。

〈こころを育み　こころをつなぐ〉というテーマをいただき、そんな絵本の力を見つめてみた今回の企画に携わらせていただき、とても楽しかったです。ありがとうございました。

（攪上久子）

本書は、年2回発行される『子育て支援と心理臨床』の増刊号として編纂されました。『子育て支援と心理臨床』でも、毎号、「親子をつなぐ絵本」のコーナーで1冊の絵本が紹介されていますが、今回は、通常の絵本の紹介コーナーから飛び出して、１０１冊の紹介が集まりました。今後は、読者の方々から寄せられた日常の読み聞かせ体験も、『子育て支援と心理臨床』の紙面で紹介できたら良いなと思っております。

何気ない日常の小さな出来事のなかにこそ、沢山の子育てにかかわる人たちが共感し、元気になる種がつまっていると思います。どうぞそのような皆様の貴重な体験をお寄せ下さい。皆で共有して、その種を育てていきましょう。

（青木紀久代）

執筆者紹介

［編集・執筆］

青木紀久代（あおき　きくよ）／はじめに・中川李枝子さんにきく“私と絵本”
お茶の水女子大学大学院准教授・『子育て支援と心理臨床』編集長

内海裕美（うつみ　ひろみ）／第３章（はじめに・紹介・コラム）
吉村小児科 院長・日本小児科医会常任理事・チャイルドライン支援センター副代表

攪上久子（かくあげ　ひさこ）／第５章（はじめに・紹介・コラム）
世界のバリアフリー絵本展実行委員長・実践女子大学兼任講師・母子保健事業心理相談員

小宮広子（こみや　ひろこ）／第１章（はじめに・紹介・コラム）
日野市立第二幼稚園 園長

瀬川未佳（せがわ　みか）／第２章（はじめに・コラム）
江東区東陽子ども家庭支援センター「みずべ」家族問題相談員

滝口俊子（たきぐち　としこ）／第４章（はじめに・コラム）
放送大学名誉教授・日本臨床心理士会保育臨床部会 部会長

冨田弘美（とみた　ひろみ）／第１章（はじめに・コラム）
全国保育士会・神奈川県保育士会会長・岩瀬保育園 主任保育士

繁多　進（はんた　すすむ）／第４章（コラム）
白百合女子大学名誉教授

落合恵子（おちあい　けいこ）／エッセイ
作家・エッセイスト・児童書籍専門店「クレヨンハウス」主宰・『月刊クーヨン』発行人。著作は『絵本屋の日曜日』（岩波書店）・『母に歌う子守唄　わたしの介護日誌』（朝日新聞社）・絵本『犬との10の約束』（リヨン社）等多数

中川李枝子（なかがわ　りえこ）／中川李枝子さんにきく“私と絵本”
童話作家。厚生大臣賞・サンケイ児童出版文化賞・野間児童文芸推奨賞・毎日出版文化賞など受賞。著作は『ぐりとぐら』（福音館書店）・『そらいろのたね』（福音館書店）・『ももいろのきりん』（福音館書店）・『こだぬき６ぴき』（岩波書店）等多数

［執筆］　※五十音順

青柳啓子（あおやぎ　けいこ）／第５章（紹介）
甲州市立勝沼図書館司書・「まーの・あ・まーの」役員

浅川幸子（あさかわ　さちこ）／第３章（紹介）
あきやま子どもクリニック病後児保育室あきやまルーム 保育士

荒田孝庫（あらた　たかこ）／第４章（紹介）
会社員・２児の母

石井みどり（いしい　みどり）／第５章（紹介）
元横浜市立盲特別支援学校・横浜市立聾特別支援学校　図書館司書・日本図書館協会障害者サービス委員会委員

石塚明子（いしづか　あきこ）／第１章（紹介）
小田原市立桜井保育園 副園長

岩本久美子（いわもと　くみこ）／第１章（紹介）
社会福祉法人はなみずき福祉会 みしま中央保育園 主任保育士

榎本恭子（えのもと　きょうこ）／第１章（紹介）
日野市立第四幼稚園 教諭

榎本眞実（えのもと　まみ）／第４章（紹介）
東京家政大学短期大学部保育科 講師

大久保徳久子（おおくぼ　とくこ）／第２章（紹介）
フリー編集者・(財)生涯学習開発財団認定コーチ・JPIC 読書アドバイザー

小野陽子（おの　ようこ）／第１章（紹介）
岩瀬保育園植木分園 主任保育士

海保由子（かいほ　ゆうこ）／第５章（紹介）
国際児童文庫協会

亀井洋子（かめい　ようこ）／第４章（紹介）
浦安市こども発達センター療育相談員

木村由紀子（きむら　ゆきこ）／第４章（紹介）
母親

久津摩英子（くづま　えいこ）／第２章（紹介）
わらべうた実践家

黒田　静（くろだ　しずか）／第１章（紹介）
社会福祉法人二葉会 砂山保育園 保育士

古賀彩子（こが　あやこ）／第１章（紹介）
日野市立第四幼稚園 教諭

近藤初江（こんどう　はつえ）／第１章（紹介）
社会福祉法人豊川保育園・北区立桜田保育園 園長

佐藤仁美（さとう　ひとみ）／第４章（紹介）
放送大学准教授

柴　恵子（しば　けいこ）／第４章（紹介）
母親

清水えみ子（しみず　えみこ）／第４章（紹介）
母親

清水美智子（しみず　みちこ）／第２章（紹介）
刈谷文化協会口承文学部会長・子どもとことばの文化研究会代表・名古屋経営短期大学非常勤講師

末次絵里子（すえつぐ　えりこ）／第４章（紹介）
カウンセリングルームＭＯＭＯ主宰・徳山大学非常勤講師兼学生相談カウンセラー・山口芸術短期大学非常勤講師

炭　美智子（すみ　みちこ）／第１章（紹介）
社会福祉法人誠心福祉協会おとぎ保育園 主任保育士

住谷朋人（すみたに　ともひと）／第３章（紹介）
住谷小児科医院院長

高崎　真（たかさき　まこと）／第２章（紹介）
絵本編集者・(株)チャイルド本社絵本第一編集部統括課長

高橋由美子（たかはし　ゆみこ）／第２章（紹介）
江東区東陽子ども家庭支援センター「みずべ」読み聞かせサポーター・おもちゃコンサルタント

高石浩一（たかいし　こういち）／第４章（紹介）
京都文教大学臨床心理学部教授

高久仁美（たかく　ひとみ）／第４章（紹介）
高久歯科医院 歯科医師

高原佳江（たかはら　よしえ）／第４章（紹介）
白百合女子大学大学院児童文学専攻博士課程

竹森あゆみ（たけもり　あゆみ）／第５章（紹介）
オーストラリア レインボー文庫 主宰

橘　玲子（たちばな　れいこ）／第４章（紹介）
新潟青陵大学大学院教授・臨床心理士

千葉美香（ちば　みか）／第３章（紹介）
あきやま子どもクリニック病後児保育室あきやまルーム 保育士

塚脇裕美子（つかわき　ゆみこ）／第４章（紹介）
母親

角田みすゞ（つのだ　みすず）／第２章（紹介）
ベル相談室　臨床心理士

中島利子（なかじま　としこ）／第１章（コラム）
小田原市立桜井保育園 園長

則松香苗（のりまつ　かなえ）／第１章（紹介）
社会福祉法人豊福会みつわ台保育園 保育士

橋爪京子（はしづめ　きょうこ）／第４章（紹介）
母親

蜂谷明子（はちや　めいこ）／第３章（紹介）
蜂谷医院小児科 副院長

馬場利江（ばば　りえ）／第１章（紹介）
社会福祉法人二葉会 砂山保育園 保育士

日永田美奈子（ひえいだ　みなこ）／第４章（紹介）
臨床心理士。松陰女子学院松陰中学校・高等学校、小林聖心女子学院中学校・高等学校スクールカウンセラー

平石香奈子（ひらいし　かなこ）／第１章（紹介）
日野市立第五幼稚園 教諭

藤澤由美子（ふじさわ　ゆみこ）／第４章（紹介）
母親

本間由佳（ほんま　ゆか）／第１章（紹介）
母親

松田幸久（まつだ　ゆきひさ）／第３章（紹介）
医療法人あきなお会 まつだこどもクリニック理事長

溝口智子（みぞぐち　さとこ）／第５章（紹介）
公益財団法人京都市国際交流協会　図書・資料室

宮上さゆり（みやがみ　さゆり）／第３章（紹介）
医療法人童仁会池田病院 保育士

村松幹子（むらまつ　みきこ）／第１章（紹介）
社会福祉法人東益津福祉会 たかくさ保育園園長

安松朋子（やすまつ　ともこ）／第２章（紹介）
社会福祉法人雲桂社 神愛保育園子育てひろば「ひだまり」保育士

山本友紀子（やまもと　ゆきこ）／第４章（紹介）
母親

山内悦子（やまうち　えつこ）／第２章（紹介）
母親。読み聞かせ（お話会）の活動に20年携わる。

『子育て支援と心理臨床』増刊第 1 号
こころを育み　こころをつなぐ　絵本 101 選

2012 年 8 月 20 日　第 1 刷発行

監　修　子育て支援合同委員会
〔財団法人 日本臨床心理士資格認定協会
一般社団法人 日本臨床心理士会
一般社団法人 日本心理臨床学会〕

編　集　「こころを育み　こころをつなぐ　絵本 101 選」編集委員会
〔青木紀久代・内海裕美・攪上久子・小宮広子・瀬川未佳・
滝口俊子・冨田弘美・繁多　進〕

発行者　石 井 昭 男
発行所　福村出版株式会社
〒 113−0034
東京都文京区湯島 2 丁目 14 番 11 号
TEL　03−5812−9702
FAX　03−5812−9705
http://www.fukumura.co.jp

表紙・本文デザイン　臼井弘志（公和図書株式会社デザイン室）

イラスト　町塚かおり

印刷・製本　シナノ印刷株式会社

Printed in Japan　ISBN 978-4-571-24535-0